Jochen Jülicher

Effata
öffne dich

Übungen zu den
Heilungsgeschichten der Bibel

echter

Die Deutsche Bibliothek – CIP-Einheitsaufnahme

Jülicher, Jochen:
Effata – öffne dich : Übungen zu den Heilungsgeschichten
der Bibel / Jochen Jülicher. –
Würzburg : Echter, 1997
  ISBN 3-429-01878-1

© 1997 Echter Verlag Würzburg
Umschlag: Ernst Loew (Bild: Tony Stone Bilderwelten)
Gesamtherstellung: Echter Würzburg
Fränkische Gesellschaftsdruckerei und Verlag GmbH
ISBN 3-429-01878-4

Inhalt

Einführung 7

Erstes Thema: Sich-Einlassen 15

(1) Durchdringen (Mk 2,1–12) 16
(2) Wissen (Mk 1,32–34) 22
(3) Grenzen überschreiten (Mt 15,21–28) 24

Zweites Thema: Kraft finden 30

(4) In die Knie gehen (Mk 1,40–45) 31
(5) Auf eigenen Füßen stehen (Apg 3,1–10) 34
(6) Willst du wirklich? (Joh 5,2–9) 37

Drittes Thema: Sehen 43

(7) Blind berufen (Mk 10,46–52) 44
(8) Blinde Flecken (Joh 9,1–7) 47
(9) Sehen lernen (Mk 8,22–26) 51

Viertes Thema: Angst durchstehen 56

(10) Angst vor der Rettung (Lk 4,31–37) 57
(11) Ungebundene Kräfte (Mk 5,2–20) 61
(12) Alles kann, wer glaubt? (Mk 9,14–29) 66

Fünftes Thema: Berühren und berührt werden .. 72

(13) Effata – öffne dich! (Mk 7,32–37) 72
(14) In Kontakt kommen (Mk 5,24–34) 77
(15) Ungreifbar – zum Berühren nahe (Joh 20,24–29) 81

Sechstes Thema: Mensch sein, ganz und gar 86

(16) Aufrecht gehen (Lk 13,10–13) 88
(17) Sich zum Leben entschließen (Mk 3,1–6) ... 90
(18) Komm heraus – löse dich! (Joh 11,1–44) 93

Siebtes Thema: Neu beginnen 100

(19) Eine Frau wie Mirjam (Lk 1,26–38) 101
(20) »Fleischliche Gelüste« (Röm 8,5–9) 107
(21) Endlich Gerechtigkeit (Lk 1,46–56) 109

Nachwort 115

Einführung

Was geschieht, wenn ein Mensch sich auf Gott einläßt – nicht irgendein großer Heiliger oder jemand, der sich schon jahrelang mit Gott und der Kirche beschäftigt, sondern ein ganz normaler, ein durchschnittlicher Mensch? Er kann auf vielfältige Weise mit Gott in Berührung gekommen sein, vielleicht durch eine menschliche Begegnung, ein Gespräch oder dadurch, daß er nach Stille und Besinnung sucht, nach »Mehr« im Leben; vielleicht durch das Lesen eines Buches, dadurch, daß er von der Schönheit der Natur berührt wurde, oder nur einfach durch Neugier. Es kann eine tiefe Erfahrung sein, es kann aber auch eine ganz leichte Berührung sein, die einen gleichsam aufweckt und auf die Spur zu Gott bringt. Was geschieht mit solch einem Menschen, wenn er sich – wie auch immer – auf Gott einläßt? Dahin zu führen, sich dahinein einzufühlen, es zu deuten und auszubauen – das ist das Anliegen dieses Buches.

Was da passiert, läßt sich ganz allgemein mit dem Wort »Veränderung« beschreiben. Ein Mensch, der sich auf Gott einläßt, wird anders, und er wird auch andere bewegen, er wird in dieser Welt etwas verändern. Beides geschieht im allgemeinen nicht blitzartig und mit großen Paukenschlägen, sondern eher in kleinen, fast unmerklichen Schritten, bei denen man oft erst im Rückblick merkt, daß da überhaupt eine Bewegung stattgefunden hat.

Eines jedoch läßt sich von dieser Veränderung sagen: Sie heilt. Sie heilt denjenigen selbst, der sich auf Gott einläßt, und sie heilt ein kleines Stück – vielleicht auch ein großes – von dieser Welt. Die Heilung oder Genesung ist gleichsam die Art, die »Qualität« der Veränderung.

Heilung setzt stets Krankheit oder Verwundung voraus. Tatsächlich bedarf vieles in unserer Welt und im besonderen in uns selbst der Gesundung. Oftmals gehen einem erst so nach und nach die Augen auf für all das, was der Heilung bedarf. Wo mehr Licht ins Leben kommt, dort wird auch der Schatten stärker sichtbar und spürbar.

Die Krankheiten, von denen die Heilungsgeschichten im Zweiten, dem »Neuen« Testament[1] sprechen, kann man in in diesem Zusammenhang nicht nach dem Maßstab heutiger medizinischer Kenntnisse erfassen. Selbst dann, wenn man bei einigen Erzählungen an psychosomatische Phänomene denkt, geht auch das am Sinn der Heilungsgeschichten vorbei. Diese beschreiben und deuten eine Veränderung des Menschen auf Gott hin, wobei der heilungsmethodische, »medizinische« Aspekt als solcher sekundär ist. Die Krankheiten, die dort im Zweiten Testament beschrieben werden, haben eine weiterreichende »Be-Deutung«, sie sind zeichenhaft, d.h. bezeichnend für das, was sich im Wesen vieler Menschen, oft einer ganzen Gesellschaft, im Verhältnis zu Gott abspielt. So ist die rein empirische Wahrnehmung nur eine Seite des Sehens. Man kann mit den Augen sehen, man kann auch mit dem Herzen sehen und dadurch völlig andere Dinge wahrnehmen. Nur mit dem Herzen erkennt man, was in und durch Gott geschieht. In einem veränderten Licht, in einer anderen Perspektive, wird man viele Dinge vielleicht zum ersten Mal erblicken, von deren Existenz man vorher gar nichts wußte: Da gab es blinde Flecken. Ähnliches läßt sich über die Verkrüppelung sagen, gerade in unserer so dynamischen Zeit, in der Models mit aufgepeppten Gliedmaßen Idealbilder verbreiten, die gar nichts davon ahnen lassen, wie sehr unter diesem Blendwerk die Seele eines Menschen verkrüppeln kann, der nicht mit anderen in Berührung kommt. Wie wenige Menschen sind tatsächlich imstande und bereit, so wie der Mann im Markusevangelium, einem anderen wirklich »die Hand zu reichen«, das heißt zu einer echten Begegnung zu finden! Ist es da verwunderlich, wenn man in der Sprache der Bibel eine verkrüppelte, »verdorrte« Hand vor sich sieht, eine Hand, die nicht zum Anfassen fähig ist, geschweige denn zu einer echten, leiblichen Begegnung? Echte Begegnung läßt immer etwas von Gott, der Liebe in Person, hindurchschimmern, sichtbar werden.

Wie aber kommt man dazu, sich auf Gott einzulassen – und wenn man dies schon will, wie kann man es dann »anstellen«? Im ersten Thema dieses Buches wird darauf noch näher eingegangen werden. So viel aber sei jetzt schon gesagt: Es setzt ein Minimum an Neugier oder Betroffenheit voraus. Ein Mensch, den die Suche nach Sinn, die Frage nach einem »Warum« im Leben kalt läßt oder der innerlich nicht mehr imstande ist, verwundert zu sein über ein Geschehen, wird auch hierbei nur mit seinen Schultern zucken und wieder weitergehen.

Was diese Texte nicht voraussetzen, ist ein theologisches Studium – so nützlich dies auch sein mag. Glaubensgeschichten versteht jeder, der sich darauf einläßt. Entscheidend ist, daß man bereit ist, sich treffen, sich berühren zu lassen, und daß man sich nicht verschließt, »zumacht«, wenn es an die eigene Haut geht. Glauben ist nicht so sehr eine Sache des Kopfes, nicht einmal nur eine Sache des Herzens, sondern Glauben umfaßt die ganze Person »von Kopf bis Fuß« und »in Herz und Nieren«. Glauben geht unter die Haut, so wie die Liebe: Sie er*greift* einen Menschen und läßt ihn nicht mehr los.

Die Themen

Sieben Themen werden in diesem Buch behandelt. Sie folgen einer inneren Entwicklung, die ein Mensch erfährt, wenn er sich auf Gott einläßt. Dabei ist es so, daß man das, was man erfährt, nie völlig hinter sich läßt; es bleibt präsent. Ebenso erscheinen neue Dinge schon irgendwie bekannt, sie sind nicht völlig fremd; es handelt sich um Erfahrungen, von denen man im nachhinein oft sagt: Ich wußte es eigentlich immer schon.
Da geht es zunächst einmal darum, zu spüren, was es heißt, einen anderen wirklich zuzulassen, sich auf einen Menschen, auf Gott tatsächlich einzulassen, dorthin durchzudringen, wo man einen Lichtblick vermutet. Wenn man einen solchen Lichtblick im Leben erfährt, dann taucht früher oder später die Frage auf, inwieweit man sich tatsächlich weiter darauf einlassen will: Was will ich denn überhaupt aus meinem Leben machen? Und wenn ich denn etwas daraus machen will, wie kann ich dann meine eigene Schwachheit so integrieren, daß sie mich nicht völlig lähmt? Es kann geschehen, daß man sich wie mit Blindheit geschlagen fühlt, daß man keine Perspektive mehr sieht, die einem Hoffnung macht, daß man sich völlig im dunkeln stehen fühlt. Es ist, als ob man das Sehen erneut *lernen* müßte, und zwar mit ganz anderen Augen. Es kann lange dauern, bis man mit dem Herzen sehen lernt, aber indem man nicht losläßt, sondern dem nachspürt, was einem im Leben wichtig ist, und sich dafür öffnet, wird man langsam empfindsam für eine andere Dimension in dieser einen Realität, in der wir leben; man erkennt neue Möglichkeiten und Wege. Im Innern erwachsen Kräfte, die ein starkes lebendiges, aber auch ebenso tödliches Potential in sich bergen; Kräfte, von denen man bislang nichts wußte oder ahnte, oft triebhaft, erschreckend und ungebändigt, aber immer voller Le-

benssehnsucht. Diese Kräfte dürfen nicht einfach unterdrückt oder geleugnet werden. Sie bedürfen der Berührung, der Zähmung, so daß aus zerstörerischer Macht eine treibende, sanfte Kraft wird, in der die Lebenssehnsucht, die darin verborgen liegt, zum Richtungsweiser wird. Sie leitet auf einen Weg, auf dem man »voller« Mensch wird, sich öffnet für andere, aus dem Gefängnis des eigenen Ichs herauskommt.

Sieben Themen und Erfahrungsbereiche, deren Reihenfolge ersichtlich, aber längst nicht zwingend notwendig ist. Jedem dieser Bereiche sind jeweils unter einem anderen Aspekt drei biblische Texte, Heilungsgeschichten, zugeordnet. Darin wird erzählt, wie ein Mensch zu bestimmten Erfahrungen findet, was diese beinhalten und wie sie sich verändernd, heilend auswirken. Um die Texte besser verstehen und betrachten zu können, habe ich sie mit Erläuterungen versehen, die sie in die heutige (Erfahrungs-)Welt umzusetzen helfen. Es sind leicht lesbare Betrachtungshilfen, die den Kern der im Text erscheinenden Heilungserfahrung deutlich werden lassen. Sie sollen dazu anregen, sich selbst weitere Gedanken zu machen und vor allem den Text auf dem Hintergrund des eigenen Lebens zu lesen und zu verstehen, d.h. ihn an das eigene Leben heranzulassen, darin zuzulassen.
Die daran anschließenden Fragen zur Reflexion dienen der Vertiefung der eigenen Erfahrung. Am Ende eines jeden Themas folgt ein Rückblick, in dem die Erfahrungen noch einmal in gebündelter Form aufgegriffen werden, bevor dann zum nächsten Thema übergeleitet wird.

Zum Gebrauch dieses Buches

Dieses Buch bietet mehrere Möglichkeiten, und jede Art, es zu lesen oder damit gemeinsam zu »arbeiten«, kann zu jeweils anderen Erfahrungen führen. Zunächst ist es da für den einzelnen Leser, der sich in Ruhe auf sein eigenes Leben und seine eigene Erfahrungen besinnen möchte und dazu Impulse, Anregungen und Ideen sucht.

Zum zweiten ist dieses Buch einsetzbar als Grundlage für eine Besinnungszeit, kompakt in einem einwöchigen Intensivkurs oder in wöchentlichen oder monatlichen Treffen, mit oder ohne geistliche Begleitung. Dabei werden die einzelnen Themen innerhalb einer festgesetzten Zeit nacheinander betrachtet und besprochen. In diesem Zusammenhang erfüllen auch die Reflexionsfragen zu den Texten eine wichtige Funktion.

Der Inhalt dieses Buches ist in diversen Kursen erprobt worden, und zwar in Besinnungswochen (Retraite, Exerzitien), als geistlicher Impuls in monatlich stattfindenden Treffen und als »Thema-Tag«, d.h. für einen sporadischen Besinnungstag für einzelne und für Gruppen, wobei jeweils ein Thema mit den drei dazugehörigen Texten herausgegrifffen wurde. Darüber hinaus sind die Texte eine gute Grundlage für Exerzitien im Alltag oder für die Fortsetzung eines solchen Übungskurses[2].

Unabhängig davon lassen sich die einzelnen Texte (und auch ganze Themen) sehr gut für ein Bibelgespräch («Bibel-Teilen«) herausgreifen, wobei solch ein Gespräch natürlich davon lebt, daß man das, was ein Text in einem selbst hervorruft, miteinander teilt. Die Textbetrachtungen können hierfür eine Anregung sein oder im nachhinein der Vertiefung der eigenen Erfahrungen – gleichsam als ein weiterer Gesprächspartner – dienen.

Ganz gleich, in welchem Zusammenhang und mit welcher Methodik man dieses Buch zur Hand nimmt, eines soll es auf jeden Fall erbringen: Es soll inspirieren, es soll dem Leser Mut machen, das eigene Leben in seinem Reichtum zu erspüren und einzusetzen für etwas, wofür es sich zu leben lohnt. Nur Menschen, die – im bildlichen Sinne – aufrecht gehen können, sind auch imstande, anderen mit ihrem Leben wirklich zu dienen. Gott braucht Menschen, die leben, die ihren eigenen Lebensauftrag entdecken und leben wollen und die sich nicht verstecken oder in Ausreden flüchten, wenn sie vor Herausforderungen stehen.

Erstes Thema: Sich-Einlassen

Das Erste und Wichtigste am Anfang einer jeden Besinnung ist es, still zu werden; innerlich auf »Aufnahme«, auf »Empfang« umzuschalten. Das erfordert etwas Zeit; die meisten Menschen werden nicht automatisch still. Auch gab es noch nie so viele Möglichkeiten wie heute, der Stille zu entfliehen. Äußere Stille kann die innere Stille fördern, jedoch nur wenn sie nicht krampfhaft auferlegt ist.
Innerlich still werden ist auch die erste Voraussetzung, um sich auf jemanden wirklich einzulassen. »Sich-Einlassen« ist jedoch ein Prozeß, bei dem viele Faktoren eine Rolle spielen. Die folgenden drei Texte zu diesem Thema deuten drei Aspekte dieses Prozesses. Im ersten Schritt geht es darum, überhaupt einmal zu dem durchzudringen, was wirklich lebensnotwendig, »heil-sam« für einen Menschen, für einen selbst ist. Unsere Welt ist dermaßen voll von Dingen, die einen immer wieder von dem ablenken, was wirklich wichtig ist, daß es gar nicht so einfach ist, innerlich an das heranzukommen, was einen im Herzen beschäftigt. Das ist Thema des ersten Textes. Er wird am ausführlichsten erläutert, denn er bedeutet den wichtigsten Schritt in diesem Zusammenhang. Die beiden anderen Texte werden etwas kürzer behandelt, sie sind eine Art Unterstützung darin, sich auf das Wesentliche im eigenen Leben einzulassen. Oft spürt man nämlich mitten im alltäglichen Grau oder in der Hektik eines augenscheinlich vollen Lebens ganz intuitiv, wer oder was einem in der eigenen Entwicklung weiterhelfen könnte. Das ist das Thema des zweiten Textes. Der dritte Text zum Thema »Sich-Einlassen« soll klarmachen, daß menschliche Konventionen und Gewohnheiten in diesem Prozeß eine untergeordnete Rolle spielen: Es gibt Situationen im Leben, in

denen man seine Grenzen (und die anderer) durchbrechen muß, um mit dem in Kontakt zu kommen, was die eigenen Wunden heilt.

Text (1): Durchdringen (Mk 2,1–12)

In dieser Geschichte geht es um jemanden, der zum Kern seines Lebens gebracht werden soll. Das ist etwas, wohin er nur sehr schwer kommen kann. Alleine schafft er das nicht mehr, er ist auf die Hilfe von Freunden angewiesen, von Menschen, die ihm einen Weg öffnen und ihn durch ihr Handeln, durch ihr Dasein gleichsam »dorthin« tragen, die ihn innerlich und äußerlich dorthin führen, wo er genesen kann.

Als Jesus einige Tage später nach Kafarnaum zurückkam, wurde bekannt, daß er wieder zu Hause war. Und es versammelten sich so viele Menschen, daß nicht einmal mehr vor der Tür Platz war; und er verkündete ihnen das Wort. Da brachte man einen Gelähmten zu ihm; er wurde von vier Männern getragen. Weil sie ihn aber wegen der vielen Leute nicht bis zu Jesus bringen konnten, deckten sie dort, wo Jesus war, das Dach ab, schlugen die Decke durch und ließen den Gelähmten auf seiner Tragbahre durch die Öffnung hinab. Als Jesus ihren Glauben sah, sagte er zu dem Gelähmten: Mein Sohn, deine Sünden sind dir vergeben! Einige Schriftgelehrte aber, die dort saßen, dachten im stillen: Wie kann dieser Mensch so reden? Er lästert Gott. Wer kann Sünden vergeben außer dem einen Gott? Jesus erkannte sofort, was sie dachten, und sagte zu ihnen: Was für Gedanken habt ihr im Herzen? Ist es leichter, zu dem Gelähmten zu sagen: Deine Sünden sind dir vergeben, oder zu sagen: Steh auf, nimm deine Tragbahre und geh umher? Ihr sollt aber erkennen, daß der

Menschensohn die Vollmacht hat, hier auf der Erde Sünden zu vergeben. Und er sagte zu dem Gelähmten: Ich sage dir: Steh auf, nimm deine Tragbahre und geh nach Hause! Der Mann stand sofort auf, nahm seine Tragbahre und ging vor aller Augen weg. Da gerieten alle außer sich; sie priesen Gott und sagten: So etwas haben wir noch nie gesehen.

Erläuterungen zum Text:

* Für den Gelähmten ist es schwer, zu Jesus durchzudringen, d.h. dorthin zu kommen, wo sich wirklich etwas an seinem Zustand ändern könnte. Es stehen ihm so viele Menschen im Weg, gerade vor der Tür, durch die er hindurch will. Das griechische Wort, das hier für »viele Menschen« gebraucht wird, bedeutet einfach »viele«. Damit sind in der Regel viele Menschen gemeint. Aber es könnte hier auch im übertragenen Sinne verstanden werden: das, was »die Leute« sagen oder denken, was »man« tut oder sagt; oder die vielen Dinge, die einen beschäftigen, die einem innerlich im Wege stehen, um still zu werden und sich wirklich auf etwas oder jemanden einlassen zu können: Termine, Verpflichtungen, gute Ideen, Gedanken, die ablenken. Es ist gar nicht leicht, da hindurchzudringen, manchmal kommt man noch nicht einmal bis vor die Türe!
* Keine Zeit, still zu werden. Immer geht alles einfach nur weiter, immer weiter, es gibt im Grunde keine Unterbrechung, kein Entkommen. Außerdem: Wer heutzutage noch Zeit hat, der macht sich fast schon verdächtig, weil er anscheinend nicht wichtig genug ist – Zeit haben... sich Zeit *nehmen*...
* Irgendwo in einer stillen Ecke erklingt etwas, was einen daran erinnert, daß es im Leben noch etwas anderes gibt. Es ist kaum zu hören, aber ab und zu kann

man ein paar Wortfetzen davon auffangen. Etwas wie eine Erinnerung, wie eine tiefe Sehnsucht nach »Mehr«: Es gibt noch mehr zwischen Himmel und Erde als das, was das Leben bislang hergibt!

* Zu vieles liegt im Weg und behindert mich. Da muß man schon unkonventionelle Wege gehen: Auf dem »normalen« Weg ist es für den Gelähmten nicht möglich, dorthin zu kommen, wohin er kommen möchte. Irgendwo muß es eine Möglichkeit, eine Öffnung geben: Das, was das Wesentliche abdeckt, muß durchbrochen werden, es muß eine Bresche geschlagen werden, um dorthin durchzudringen, wovon man Heilung erwartet, ganz direkt und ohne Umwege.

* Manchmal begegnen uns Menschen, Frauen oder Männer, die einen (wissentlich oder unwissentlich) weiterbringen, indem sie einem durch ihr Verhalten oder durch eine Äußerung, die man von ihnen hört oder liest, den Weg zu einem »Mehr« weisen; sie konfrontieren uns mit Gedanken oder Fragen, die einen eine Zeitlang stark beschäftigen. Das sind solche »Träger«. Manchmal trifft man auch auf Helfer, die einen ganz bewußt und ganz massiv mit der Nase auf etwas stoßen, was man nicht wahrhaben will.

* Solche Träger sind aber nicht immer nur andere Menschen, es können auch Kräfte in einem selbst sein, die den unbeweglich gewordenen Teil, die gelähmten Kräfte, wachrufen. Dann ist es gut, auf die Intuitionen in uns selbst zu horchen, die einen weiterbringen können, die mögliche Auswege und Perspektiven aufzeigen.

Manchmal reicht es aber auch, wenn man eine Entwicklung, die gerade erst eingesetzt hat, zu Ende denkt oder »durchspürt«. Dann kann klar werden, daß sie möglicherweise darauf hinausläuft, daß man eines Tages selbst alleine nicht mehr weiter kann,

weil alles festgefahren ist. Jetzt aber ist noch Zeit zur Umkehr.
* Was die »Träger« machen, ist ein vielsagendes Bild: Sie steigen Jesus aufs Dach! Sie konfrontieren ihn mit ihrem Anliegen. Ihr Handeln hat etwas von einer dringenden Fürbitte. Wenn der Prophet nicht zum Berg kommt, dann muß der Berg halt zum Propheten kommen!
* Immer noch tut der Gelähmte selbst gar nichts. Aber man muß sich das doch einmal vorstellen: Obwohl er gelähmt ist, kommt er faktisch *von oben*! Er muß tatsächlich *herunter*gelassen werden zu Jesus. Obwohl er augenscheinlich flach am Boden liegt, ist er im Grunde über Jesus – zu hoch, um wirklich in Beziehung zu treten.
* Das macht einen Gelähmten aus: Er ist einer, der sich selbst nicht mehr bewegen kann; bei dem alles festgefahren ist; der nicht mehr aufrecht sitzen kann, geschweige denn, daß er für etwas geradestehen kann. Er liegt fest wie ein Schiff auf der Sandbank. Er kommt nicht mehr aus eigener Kraft weiter, er kann keine Bewegung mehr in sein Leben bekommen.
* Ein Loch im Dach, endlich eine Öffnung, endlich ein Licht in der Aussichtslosigkeit. Die Träger haben es geschafft, das, was ihn lahmlegt, zumindest ansatzweise zu durchbrechen! Eine Unterbrechung, vielleicht eine neue Lebenschance.
* Und der, von dem er Hilfe erwartet, sagt ihm: »Mein Sohn, deine Sünden sind dir vergeben.« Was soll das? Was heißt »Sünden vergeben«? Das klingt so altmodisch – und außerdem: Was hat man schon davon? Schließlich geht es darum, wieder laufen zu können! – Sünden vergeben, das heißt: alles wegnehmen, was einer wirklichen Beziehung zu Gott im Wege steht. Jesus sagt zu dem Gelähmten: Dir steht nichts mehr im Wege, du bist ein vollwertiger Mensch, die Hin-

dernisse haben nicht das letzte Wort. Der Schutt auf deinem Weg ist weggeräumt, du kannst deinen Weg weitergehen, auch du kannst in Beziehung zu Gott kommen.

Das Laufenkönnen, die Aufhebung der Lähmung, ist nicht die Hauptsache, das ist eine Folge dessen, daß alle echten Hindernisse aus dem Weg geräumt sind.

* Es gibt verschiedene Lagen – Tiefenschichten – in dem, was einen daran hindert, den Weg zu dem zu finden, was wesentlich für einen ist, an eigene Gefühle und Gedanken heranzukommen und sich wirklich frei zu bewegen. Am Anfang sind es die »vielen«, die im Wege stehen – am Ende werden »Sünden vergeben«, innere Hindernisse aus dem Weg geräumt.
* Der Gelähmte steht auf, sofort, ohne Gejammer, ohne übergroße Gefühle. Jeder kann es sehen: Was keiner mehr für möglich hielt, geschieht. »So etwas haben wir noch nie gesehen« – vielleicht liegt das aber auch daran, daß man bis dahin nicht richtig sah!
* Der Gelähmte hat, genau genommen, selbst gar nichts zu seiner Genesung beigetragen. Er hat nur etwas mit sich geschehen lassen, er hat erfahren, daß man ihn durch die Abdeckung hinunterließ, er hat gehört, was ihm angesagt wurde, er ist aufgestanden und hat das auf sich genommen, was ihn lahmlegte.
* Das, was der Gelähmte »tut«, ist ein genaues Bild dafür, was geschieht, wenn man sich auf etwas Wesentliches einläßt: Das ist zunächst gar kein aktiver Vorgang, oft genug muß man erst dorthin geführt werden, gleichsam mit der Nase darauf gestoßen werden, und auch dann müssen andere noch Öffnungen suchen oder aufdecken, um durch Widerstände und Abdeckungen durchzudringen. Gerade bei dem, was einen wirklich in Bewegung bringen könnte, sind die lähmenden Kräfte am größten. Viel-

leicht ist es Unvermögen, vielleicht ist es Angst, die lähmt. Sich-Einlassen bedeutet, etwas mit sich geschehen zu lassen, zu vertrauen und dann, wenn die Lähmung nachläßt, sein Leben auf sich zu nehmen und den eigenen Weg zu gehen. Es gibt kaum etwas, wovor ein Mensch mehr Angst hat, als sein eigenes Leben, seine eigene »Tragbahre«, auf sich zu nehmen und *selbst* Schritte zu gehen.

Fragen für die Reflexion:

Die folgenden Fragen zu diesem Text können dabei helfen, sich auf etwas einzulassen, was heilt. Wie bei einer ärztlichen Diagnose muß der Punkt, an dem die Genesung ansetzen könnte, nach und nach »ent-deckt«, aufgedeckt werden. Der Punkt, bei dem die Genesung ansetzt, ist auch der Punkt, an dem es schmerzt. Dieser Schmerz ist im Laufe der Zeit überdeckt worden, er ist überwuchert, vielleicht sogar betäubt worden, denn Schmerz hält man nicht lange aus. Oft sind jedoch nur die Symptome verschwunden, aber die wirkliche Ursache ist nicht aufgedeckt. Sich-Einlassen bedeutet auch, nach und nach aufzudecken, was in einem lebt, Gefühle und Gedanken zuzulassen und sich der Realität des eigenen Lebens Schritt für Schritt immer mehr zu stellen.

- Erkenne ich Dinge, die mir bei dem, was wichtig für mich ist, im Wege stehen?
- Will ich daran etwas ändern?
- Was »lähmt« mich?
- Wo gibt es Öffnungen im »Dach«, in dem, was das »be-deckt«, »zudeckt«, was mir wichtig ist?
- Welche Menschen haben mich in meinem bisherigen Leben wesentlich »getragen«, d.h. mich dorthin gebracht oder verwiesen, wo ich mehr zu mir selbst kam, mehr zum Leben, zu Gott gefunden habe?

- Welche Gedanken oder Verhaltensweisen haben mich in meinem bisherigen Leben weitergebracht?
- Gibt es Dinge (Ideen, Träume), die ich in meinem Leben aufgegeben habe, bei denen es mir heute leid tut, daß ich sie aufgegeben habe?
- Gibt es überhaupt noch etwas, wonach ich verlange, wonach ich mich sehne?

Text (2): Wissen (Mk 1,32–34)

Es ist komisch: Gerade gegen das, was einem weiterhelfen könnte, wehrt man sich am meisten. Dabei »weiß« man intuitiv ziemlich genau, wer oder was das (der?) Rettende sein könnte. Dieses »Wissen« ist ein tiefes Spüren und Erkennen – darum geht es in der zweiten, übrigens sehr kurzen, Heilungsgeschichte.

Am Abend, als die Sonne untergegangen war, brachte man alle Kranken und Besessenen zu Jesus. Die ganze Stadt war vor der Haustür versammelt, und er heilte viele, die an allen möglichen Krankheiten litten, er trieb viele Dämonen aus. Und er verbot den Dämonen zu reden; denn sie wußten, wer er war.

Erläuterungen zum Text:

* Die Sonne ist schon untergegangen, die Hitze des Tages vorbei. Das ist die Zeit, in der man sich um etwas kümmern kann, was auf den ersten Blick nicht so dringend zu sein scheint, was aber endlich einmal getan werden muß, da es sonst liegenbleibt und einen doch irgendwie fortwährend beschäftigt. Wichtige Entscheidungen, Weichenstellungen im Leben, werden oft gerade auf einer Ebene etwas abseits der täglichen Sorgen und Pflichten getroffen.

* »Am Abend« – das kann, analytisch betrachtet, auch bedeuten, daß es hier um etwas geht, was in die dunklen Bereiche der Person hineingeht, um das »Schattenreich«, die »dunklen Seiten«. Das ist die Ebene, auf der ein Mensch von »Dämonen« beherrscht wird und wo er Licht hineinbringen muß, um zu genesen. Wirkliche Veränderungen, oft gepaart mit Lebenskrisen, führen uns immer wieder ins Dunkel, ins Nicht-Wissen, dorthin, wo man auf das Gefühl, die Intuition, den Tastsinn, auf das Spüren des Herzens angewiesen ist.
* Auch hier ist, wie schon im ersten Text, von vielen Menschen und Dingen die Rede. Wie oft passiert es, daß gerade dann, wenn man still werden will, wenn man unter die Ebene der Alltagssorgen kommen will, sehr viele Ideen und Gedanken aufkommen, die meist gar nichts Wichtiges zu sagen haben; es sind gleichsam »Schaulustige«: Die ganze Gegend ist auf den Beinen, alles versammelt sich vor der Haustür, versperrt den Zugang, drängt sich auf.
* Jesus heilt viele, egal, woran sie leiden. Es geht etwas von ihm aus, was einfach guttut, was den Schmerz lindert, was »Dämonen« vertreibt.
* »Dämonen« sind ein Bild für das, was einen in eine falsche Richtung zieht oder drängt. Es sind »böse Geister«. Heute würden wir vielleicht von Verwirrung und Angst sprechen, von falschen Fährten, von psychischen Hindernissen bis hin zu tiefen Depressionen. Die Kräfte, die einen Menschen in eine falsche Richtung ziehen, haben sich gleichsam verselbständigt, der Mensch beherrscht sie nicht mehr, sondern sie beherrschen ihn.
* Aber genau diese »Dämonen« sind es, die spüren, wer er ist. Ein merkwürdiges Phänomen: Ganz tief im Herzen weiß man, was einen auf den richtigen Weg bringen könnte. Man spürt, wenn man ganz ehrlich

ist, ob das, was man versucht und ausführt, wirklich weiterhilft oder ob es nur wieder in eine neue Sackgasse führt. Man weiß innerlich, ob der- bzw. diejenige, dem oder der man sich anvertraut, einen weiterführen und heilen kann, wenn man sich auf ihn oder sie einläßt.
* Die Dämonen erhalten Redeverbot. Das bedeutet, daß es bei der Heilung um etwas geht, was man nicht einfach in die Welt hinausposaunen darf. Es muß etwas geschehen im stillen, im tiefen Innern des Menschen selbst. Das bedarf der Intimität. Die Dämonen müssen schweigen, sie haben nichts mehr zu sagen, denn jetzt ist ein anderer am Wort, der ihnen etwas zu sagen hat.

Fragen für die Reflexion:

- Gibt es bei mir Dinge, die immer »liegenbleiben«, an die ich nicht »rangehe«? Warum bleiben sie liegen?
- Gibt es oder gab es in meinem Leben Ansätze, die mich in eine andere, positive Richtung führen könnten bzw. führen können?
- Wer oder was vertreibt bei mir die »bösen Geister«?

TEXT (3): GRENZEN ÜBERSCHREITEN (MT 15,21–28)

Im dritten Text zum Thema »Sich-Einlassen« geht es darum, sich gegen Widerstände durchzusetzen, bestehende Grenzen zu überwinden. Eine Frau setzt sich da mit einer gewissen Frechheit oder Kaltschnäuzigkeit gegen alle Vorurteile – auch gegen Jesu Auffassung – durch, und sie bekommt, was sie will. Eigentlich hatten Jesus und seine Jünger diese Frau schon unbeachtet hinter sich gelassen, sie aber schreit noch hinter ihnen her...

Von dort zog sich Jesus in das Gebiet von Tyrus und Sidon zurück. Da kam eine kanaanäische Frau aus jener Gegend zu ihm und rief: Hab Erbarmen mit mir, Herr, du Sohn Davids! Meine Tochter wird von einem Dämon gequält. Jesus aber gab ihr keine Antwort. Da traten seine Jünger zu ihm und baten: Befrei sie von ihrer Sorge, denn sie schreit hinter uns her. Er antwortete: Ich bin nur zu den verlorenen Schafen des Hauses Israel gesandt. Doch die Frau kam, fiel vor ihm nieder und sagte: Herr, hilf mir! Er erwiderte: Es ist nicht recht, das Brot den Kindern wegzunehmen und den Hunden vorzuwerfen. Da entgegnete sie: Ja, du hast recht, Herr! Aber selbst die Hunde bekommen von den Brotresten, die vom Tisch ihrer Herren fallen. Darauf antwortete ihr Jesus: Frau, dein Glaube ist groß. Was du willst, soll geschehen. Und von dieser Stunde an war ihre Tochter geheilt.

Erläuterungen zum Text:

* Diese schreiende, heulende Frau, so eine richtige Nervensäge, die einfach nicht lockerläßt. Das, was die Jünger sagen, klingt eher wie ein Seufzer und nicht wie eine Bitte, *diese Frau* zu befreien; eher schon wollen sie *von ihr* loskommen.
* Es gibt Situationen, da hilft gar nichts mehr, da kann man nur noch schreien, schreien, bis daß man endlich gehört wird. Andererseits: Es gibt viele Menschen, die nicht wirklich gehört, nicht wirklich verstanden werden. Sie sagen oft etwas ganz anderes, als was man beim ersten Hören mitbekommt: Das, was sie eigentlich zu sagen haben, geht in ihrem Geschrei unter. Man muß dann schon auf das hören, was sie *nicht* sagen, auf das, was dahintersteckt.
* Diese Frau hat Jesus etwas zu sagen mit all ihrem Geschrei! Sie will Jesus klarmachen, daß es in puncto

Heilung keine von Menschen und Konventionen gesetzten Grenzen gibt. Das paßt nicht recht in seinen Plan. Er antwortet erst gar nicht. Aber er läßt sich überzeugen. Er hört ihr zu, und er hört auf sie.
* Es klingt für unsere Ohren sehr hart, was Jesus da sagt über das Brot für die Kinder, das man nicht den Hunden vorwerfen soll. Sie aber schämt sich nicht. Es geht ihr nicht um ihre eigene Ehre, sie kämpft für ihre Tochter, für die Fruchtbarkeit ihres Lebens. Lieber kriecht sie im Staub, als daß die, die nach ihr kommt, verlorengeht.
* »Frau, dein Glaube ist groß.« Sie hat eine Grenze überwunden, sie hat daran geglaubt, daß etwas, was unmöglich schien, wahr wurde. Sie hat sich nicht davon bestimmen lassen, was menschenmöglich ist, sondern von dem, was in Liebe möglich ist – daran hat sie geglaubt. »Was du willst, soll geschehen.«
* Diese Frau ist in gewisser Weise der Gegenpol zu dem Gelähmten in der ersten Geschichte. Während jener in seiner Ohnmacht und Lähmung mit sich geschehen läßt, ist sie es selbst, die durch ihr Schreien etwas bewirkt, Grenzen verlegt, vergleichbar mit dem »Durchbruch« durch das Dach, unter dem Jesus zu finden war. Beide Wege führen zum Sich-Einlassen, zu einer Begegnung auf einer tieferen Ebene, auf der Heilung, Heil geschieht.

Fragen für die Reflexion:

- Habe ich selbst das Gefühl, gehört und verstanden zu werden in dem, was mir wichtig ist?
- Was »schreit« in mir?
- Verstehe ich die Botschaft, die andere, welche mir nahe (oder auch weiter weg) stehen, mir zu verstehen geben, auch wenn sie dabei »schreien«?
- Für was in meinem Leben würde sich mein Schreien

lohnen, wofür wäre ich bereit, Jesus und seinen Jüngern »hinterherzuschreien«? Was darf auf keinen Fall verlorengehen?
- Wo erfahre ich Grenzen in dem, was mir lebenswichtig ist? Auf welche Hindernisse und Unmöglichkeiten stoße ich, wenn ich für das kämpfe, was mir wichtig ist?

Rückblick auf das Thema:

Sich auf etwas oder jemanden einlassen, darum ging es bei diesen drei Texten. Es gibt Momente, in denen man selbst oder andere, wie im ersten Text, einen Durchbruch forcieren müssen; ebenso gibt es Momente wie bei der Frau im dritten Text, in denen das Schreien um den drohenden Verlust eines fruchtbaren Lebens gehört wird, und es gibt, das wurde aus dem zweiten Text ersichtlich, einen inneren Spürsinn, der einen Menschen dabei leiten kann.

Mancher wird vielleicht beim Lesen oder Reflektieren gedacht haben: Ich möchte ja gerne, ich würde mich ja gerne auf die tieferen Fragen meines Lebens, auf so jemanden wie Jesus, auf Gott einlassen, wenn ich doch nur wüßte, *wie*. *Wie* komme ich dorthin, *wie* dringe ich bis dorthin durch? *Wie* komme ich innerlich auf einen grünen Zweig? *Wie* komme ich zur Genesung, zur Veränderung, zum Glauben? *Wie* komme ich dazu, daß ich mich nicht immer als Außenseiter erfahre? *Wie* soll ich denn anfangen?

Hinter »Wie-Fragen« steckt oft noch eine offene »Was-Frage«: Was will ich eigentlich? Was ist das Ziel, der Sinn meines Lebens?

Vielleicht testen Sie sich selbst einmal, ob das »Was« bei Ihren Fragen klar ist und inwieweit die unbeantwortete Frage nach dem »Wie« Sie dazu führt, dem

»Was« aus dem Wege zu gehen. Dieses »Wie« kann einen lähmen, ohnmächtig machen; es kann sich wie ein Dämon in das Leben einschleichen. Der erste Schritt ist darum der, daß man still steht, daß man sich Zeit dafür nimmt, zu entdecken, *was* einen wirklich beschäftigt. Das *Wie* muß »ver-stillen«, damit das *Was* hervorkommen kann. Dazu ist auch etwas »Mut-Wille« nötig; denn eine Zäsur im Leben vorzunehmen, ganz bewußt einen Einschnitt zu machen, um sich für eine Woche, für eine Stunde in der Woche oder für ein paar Minuten am Tag zurückzuziehen, ist scheinbar nichts Weltbewegendes, aber es erfordert Willenskraft, denn die Welt, in der wir leben, ist im allgemeinen gar nicht darauf ausgerichtet, solche Einschnitte oder bewußten Unterbrechungen zuzulassen, und schon gar nicht, *still* zu stehen. Still werden, still stehen erfordert Mut; Mut, ganz bewußt einen Schritt zu tun und für kurze Zeit »auszusteigen«. Mehr noch vielleicht erfordert Stille Mut, wenn man sich durch sie dazu führen läßt, zuzuhören, zu horchen, was alles an Gedanken und Gefühlen in einem umgeht. Das kann sehr viel sein – ebenso kann es plötzlich schrecklich leer in einem sein. Wenn man einmal wirklich schonungslos zuläßt, was an Empfindungen und Gedanken in einem umgeht, kann einen das erschrecken; es ist wie ein »Stille-Schock«, wenn einmal das Dach abgedeckt wird, die Abdeckung aufgehoben wird; man kann dabei auch auf den Dämon in sich stoßen, der im Grunde genau spürt, wo ein fruchtbarer Weg wäre, den er aber lieber verschweigt, als daß er ihn zuläßt; man kann auch das Echo der Stimme hören, die in einem »schreit« und die keine Ruhe gibt, bis endlich etwas geschieht.
Möglicherweise erfahren Sie die Stille anfangs als etwas bedrückend. Das dauert nicht lange. Sie haben sich mit dem heutigen Tag darauf eingelassen, eine Zäsur, eine Unterbrechung zu machen, einen neuen Abschnitt in

Ihrem Leben zu beginnen. Versuchen Sie ruhig, dies auch einmal zu genießen, frei durchzuatmen, die Stille in sich aufzunehmen. Sie haben in den nächsten Tagen – bei den folgenden Themen – noch genügend Zeit, um manches zu tun und zu erspüren, was Sie jetzt vielleicht noch sehr vage beschäftigt.

Am Ende dieses ersten Kapitels ist es ratsam, daß Sie für sich einmal aufschreiben, welche Fragen im Zusammenhang mit »Heilung« und »Veränderung« in Ihnen bestehen, was Sie klären möchten, wohin Sie innerlich gehen möchten oder was Sie entscheiden müssen. Scheuen Sie sich nicht, einmal eine Liste anzufertigen, ob lang oder kurz ist nicht so wichtig. Wichtig ist, daß Sie sich Ihrer Fragen und Ihrer eigenen Gefühle bewußt werden.

Legen Sie die Liste erst beiseite, wenn Sie sie noch einmal gründlich daraufhin untersucht haben, ob auch nichts fehlt. Wenn Sie das Gefühl haben, daß Sie Ihre Fragen und Erwartungen zu Papier gebracht haben, legen Sie die Liste weg bis zum Ende dieses Kurses oder der Lektüre dieses Buches. Dann können Sie sie wieder hervorholen und schauen, ob es in bezug auf Ihre Fragen und Erwartungen Fortschritte gegeben hat. Möglicherweise müssen Sie auch Ihre Fragen und Erwartungen ein wenig präzisieren oder korrigieren. Auf diese Art bleiben Sie immer »am Ball« und haben Sie zugleich Hand und Herz frei dafür, sich auf etwas Neues einzulassen, so daß Sie eine neue Perspektive gewinnen können, in der die Dinge, die Sie aufgeschrieben haben, vielleicht in einem anderen Licht erscheinen.

Zweites Thema: Kraft finden

So wichtig die Stille und die Bereitschaft, zu hören und zu empfangen, ist, so bedürfen sie doch andererseits der Ergänzung durch konkretes Engagement: Man muß sich selbst und seine Lebenserfahrungen mit einbringen, sich selbst aufs Spiel setzen, wenn man wirklich zu etwas Neuem, zu einer Veränderung zum Guten, d.h. zur Heilung finden will. Es ist nämlich auch möglich, sich innerlich abzuschotten, Tabubereiche aufzubauen, in die hinein man nichts zuläßt. Dies ist in manchen Fällen durchaus legitim, z. B. wenn Menschen Beziehungen und Vertrauen untereinander erst aufzubauen beginnen. Das Ziel kann jedoch nur ein immer weitergehendes Sich-Öffnen im Umgang mit Gott und mit anderen Menschen sein. Oft will man dies zwar schon, man fühlt sich aber nicht imstande, über den eigenen Schatten zu springen. Entweder es wird durch Umstände, die außerhalb des eigenen Einflusses zu liegen scheinen, verhindert, oder es ist die eigene Schwäche, die uns zu schaffen macht, man hat nicht genug Kraft, sich zu öffnen und neue Wege zu gehen, oft nicht einmal dafür, den ersten Schritt zu machen. Das zweite Kapitel beschäftigt sich darum mit der Frage, wie man die Kraft findet, wirklich in Bewegung zu kommen.
In der ersten Geschichte, Text (4), geht es zunächst darum, die eigene Situation und auch die eigene Schwäche zu erkennen und wirklich anzuerkennen, denn oft ist man gerade in der »Macht der Ohnmacht« alles andere als schwach. Man muß irgendwie »in die Knie gehen«, um tatsächlich zu dem Eingeständnis zu gelangen, daß man sich nicht am eigenen Schopf aus dem Sumpf ziehen kann. Andererseits heißt dies nicht, daß man dann einfach alles anderen überlassen kann, sondern die eigene Schwäche zu erkennen, bedeutet,

einen Anfang damit zu machen, wirklich auf eigenen Füßen zu stehen, für das eigene Leben geradezu*stehen* (Text 5). Aber das geht nur dann, wenn man wirklich entschlossen ist. Die Frage: »Willst du wirklich?« (Text 6) ist nicht so sehr eine Gewissensfrage, sondern eine Einladung, sich selbst und sein eigenes Vermögen ernst zu nehmen und zu lernen, darauf zu vertrauen, daß man als Mensch gewollt und akzeptiert ist.

TEXT (4): IN DIE KNIE GEHEN (MK 1,40–45)

Ein Aussätziger kam zu Jesus und bat ihn um Hilfe; er fiel vor ihm auf die Knie und sagte: Wenn du willst, kannst du machen, daß ich rein werde. Jesus hatte Mitleid mit ihm; er streckte die Hand aus, berührte ihn und sagte: Ich will es – werde rein! Im gleichen Augenblick verschwand der Aussatz, und der Mann war rein. Jesus schickte ihn weg und schärfte ihm ein: Nimm dich in acht! Erzähl niemand etwas davon, sondern geh, zeig dich dem Priester und bring das Reinigungsopfer dar, das Mose angeordnet hat. Das soll für sie ein Beweis meiner Gesetzestreue sein. Der Mann aber ging weg und erzählte bei jeder Gelegenheit, was geschehen war; er verbreitete die ganze Geschichte, so daß sich Jesus in keiner Stadt mehr zeigen konnte; er hielt sich nur noch außerhalb der Städte an einsamen Orten auf. Dennoch kamen die Leute von überallher zu ihm.

Erläuterungen zum Text:

* Ein Aussätziger ist ein Mensch, der »draußen« ist, hinausgesetzt: Keiner will mehr etwas mit ihm zu tun haben, keiner will ihn berühren, er strahlt etwas aus, was die Leute von ihm fernhält – ob mit oder

ohne Schuld, das tut gar nichts zur Sache: Aussatz kann jeden befallen, auf alle mögliche Arten.
* Er *kommt* zu Jesus, er setzt sich selbst in gewisser Weise über seine Aussätzigkeit hinweg, geht auf jemanden zu, von dem er Hilfe erwartet.
* Was sich innerlich bei ihm abspielt, drückt der Aussätzige leiblich aus: Er fällt vor Jesus auf die Knie. Er *braucht* Hilfe, das ist ihm klar, und dieses Eingeständnis ist sein erster Schritt zur Heilung.
* Aber auch dann, wenn man genau sieht, daß man Hilfe braucht, kann es noch ein langer Weg sein, bis man zu der Einsicht kommt, daß Jesus und in ihm Gott derjenige ist, der einen »rein machen« kann, d.h. von dem befreien kann, was einen aussätzig macht, was einen »draußen« hält.
* Im Inneren findet ein Kampf statt, Widerstände werden spürbar, man geht nicht einfach so in die Knie! Man möchte wegrennen, einfach abhauen, sich (wieder mal) zurückziehen – um auf diese Art jedoch genau das zu verstärken, woran man leidet: Aussatz. Denn das ist es ja im Grunde, was Aussatz bedeutet: nicht nur, daß andere vor einem flüchten, sondern auch, daß man vor sich selbst davonrennt, vor dem eigenen Charakter, dem eigenen Leben. Aussatz hängt mit der Angst zu existieren zusammen, mit dem Akzeptieren, daß man so ist, wie man ist und so auch sein darf, allen anderen Ideen und Idealen zum Trotz.
* Jesus hat Mitleid mit ihm. Wörtlich übersetzt steht dort: »Ihn bemitleidend streckte er, ihn berührend, die Hand aus und sagte...« Anscheinend ist das leibliche Geschehen sehr bedeutsam – er hätte ja auch sagen können: »Ich will, werde rein«. Aber hier wird ausdrücklich erwähnt, was da konkret leiblich geschieht. Die Szene wird gleichsam in »slow-motion« wiedergegeben. Da passiert innerlich und äußerlich

etwas, Schritt für Schritt. Es kommt zu einer Berührung: Jemand streckt seine Hand nach ihm, den niemand berühren will, aus. Da ist jemand, dem er wirklich nicht egal ist, der ihn berührt und der sich von ihm berühren läßt. Seine Bitte um Hilfe, sein Kniefall vor dem, der heilen kann, macht diese Berührung möglich.

* Berühren – das griechische Wort dafür ist *hapthomai*, es deutet auf das Heilende, das durch die Berührung geschieht. Dieser Aussätzige wird tatsächlich *an Leib und Seele* von Jesus berührt, es ist kein äußerliches Geschehen, seine ganze Person, seine ganze Persönlichkeit wird berührt.
* Jesus streckt die Hand aus, er kommt auf ihn zu, er kommt ihm entgegen. Man kann seine Hand auch *gegen* jemanden ausstrecken, Jesus aber faßt ihn an, er infiziert sich gleichsam mit dem Aussatz. Eine folgenschwere Tat, wie sich am Ende zeigt, denn da wird Jesus selbst durch das Gerede zum Aussätzigen.
* »Ich will es – werde rein«. Griechisch nur zwei Wörter, ganz direkt, ohne ein Wort dazwischen. Es bedarf anscheinend nicht mehr vieler Worte. Bei dem, was hier geschieht, kommt es nicht auf das Reden an, es findet keine ausführliche Analyse statt. Was hier geschieht, hat die Analyse hinter sich gelassen, das ist viel weiter als die vielen Worte, die oft nur die Funktion haben, zu mildern und abzuschwächen, daß man wirklich in die Knie geht.
* Das Geheimnis des Ganzen ist nicht die Tatsache der Reinigung, sondern das, was zwischen dem Aussätzigen und Jesus geschieht: der Kniefall und die Intimität der Berührung. Mit so etwas kann man sich nicht einfach auf die Straße stellen und große Reden halten. Wer diese Intimität der Begegnung nicht respektiert und schützt, der verhindert eine wirkliche Begegnung.

Fragen für die Reflexion:

- Gibt es Momente in meinem Leben, in denen ich mich »draußen« erfahre, in denen ich mich wie ein Aussätziger fühle?
- »In die Knie gehen« – Woran denke ich dann in bezug auf mein eigenes Leben? Was empfinde ich dabei? Kann ich in meinem Leben ein »richtiges« und ein »falsches« In-die-Knie-Gehen unterscheiden?
- Der Aussätzige kommt zur Erkenntnis, daß Jesus (Gott) ihm helfen kann. Was muß ich alles erleben, um zu solch einer Erkenntnis zu kommen? Anders gefragt: Was muß eigentlich (noch) alles passieren, bis ich mich Jesus (Gott) zuwende?
- Hat Gott mich je »berührt«?
- Gibt es so etwas wie ein Geheimnis zwischen Gott und mir, von dem ich längst nicht jedem erzählen kann? Wem könnte ich wohl davon erzählen?

TEXT (5): AUF EIGENEN FÜßEN STEHEN (APG 3,1–10)

Dieser Text führt in die frühe Geschichte der ersten Christen. Hier ist nicht Jesus der Hauptakteur, sondern es sind die führenden Männer der jungen Christengemeinde. Diese junge Gemeinschaft kommt nach und nach zu der Entdeckung, daß das, was Jesus unter ihnen gelebt und gewirkt hat, auch unter ihnen und durch sie möglich ist.

Petrus und Johannes gingen um die neunte Stunde zum Gebet in den Tempel hinauf. Da wurde ein Mann herbeigetragen, der von Geburt an gelähmt war. Man setzte ihn täglich an das Tor des Tempels, das man die schöne Pforte nennt; dort sollte er bei denen, die in den Tempel gingen, um Almosen betteln. Als er nun Petrus und Johannes in den Tempel gehen sah, bat er sie um ein Almosen. Petrus und Johannes blickten ihn an, und Petrus sagte: Sieh uns an! Da wandte er sich ihnen zu und erwartete, etwas von ihnen zu bekommen. Petrus aber sagte: Silber und Gold besitze ich nicht. Doch was ich habe, das gebe ich dir: Im Namen Jesu Christi, des Nazoräers, geh umher! Und er faßte ihn an der rechten Hand und richtete ihn auf. Sogleich kam Kraft in seine Füße und Gelenke; er sprang auf, konnte stehen und ging umher. Dann ging er mit ihnen in den Tempel, lief und sprang umher und lobte Gott. Alle Leute sahen ihn umhergehen und Gott loben. Sie erkannten ihn als den, der gewöhnlich an der Schönen Pforte des Tempels saß und bettelte. Und sie waren voll Verwunderung und Staunen über das, was mit ihm geschehen war.

Erläuterungen zum Text:

* Der Mann, der im Mittelpunkt der Geschichte steht, ist schon »von Geburt an« gelähmt. Er kennt es nicht anders, als daß er unbeweglich ist. Nie ist er selbständig gewesen, er hat nie auf eigenen Füßen gestanden, immer ist er nur mit der Hilfe anderer weitergekommen, immer haben andere ihn getragen. Vielleicht liegen die Ursachen dafür bei seinen Eltern, wer weiß. Er jedenfalls kennt nichts anderes. Was bleibt einem da schon anderes übrig, als um die Gunst anderer zu betteln, Almosen zu erbitten und dankbar zu nicken. Heilung, wer denkt schon daran, er ist doch so arm dran...
* Da kommen Petrus und Johannes, zwei Männer, die durch viele Schwierigkeiten gelernt haben, »ihren Mann zu stehen«. Die beiden sehen ihn an, so steht es ausdrücklich im Text. Das heißt, sie erkennen, was wirklich los ist in dieser Situation: Hier sitzt jemand fest, fest in seiner Erwartung, daß andere ihn

versorgen. Hier sitzt jemand, der mit dem Überfluß, den milden Gaben anderer zufrieden ist. Jeder Mensch, der ihm begegnet, ist ein potentieller Almosengeber, einer, der etwas für ihn tun kann. Sieh uns doch an, sagen die beiden zu ihm, nimm doch mal jemand anderen ins Visier, anstatt immer nur Almosengeber zu sehen. – Oh, er ist durchaus bereit, sich ihnen zuzuwenden, wenn er nur weiter erwarten darf, etwas zu bekommen – etwas zu bekommen, aber nicht selbst dem Leben ins Auge zu sehen.

* Von Almosen leben, das ist wie ein Leben aus zweiter Hand: von dem profitieren, was andere erarbeitet, »er-lebt« haben. Wer nur von den Almosen anderer lebt, der weiß gar nicht recht, was es heißt, selbst zu leben.
* »Silber und Gold besitze ich nicht«, sagt Petrus. Wer jetzt aufschaut, wird nicht reich werden. Es geht um etwas ganz anderes, es geht um Aufstehen, es geht um »Selbst-ständigkeit«, um Eigenwert, um das Loskommen von den billigen Resten anderer. »Du bist ein vollwertiger Mensch, du hier unten! Steh doch auf, lauf umher in Gottes Namen, pack das Problem, das dich unten hält und unselbständig macht, doch mal bei der Wurzel – den Füßen – an!«
* Mit Hilfe geht es, nicht mit Almosen, sondern mit Hilfe, die einen auf die eigenen Beine bringt. Petrus faßt ihn an der rechten Hand an, der Hand, in der die Kraft steckt, die eigene Kraft. Er richtet ihn auf – handgreiflich, leiblich; und er weckt die Kraft des Gelähmten – seelisch. Und siehe da, die Kraft reicht, sie überträgt sich sprunghaft auf alle Glieder, auf den ganzen Menschen. Er hat seine Steifheit abgelegt, ist gelenkig, zum ersten Mal in seinem Leben. Gottlob!
* Dann sind da noch die anderen, die, die ihn immer schon kannten und die ihn jetzt kaum wiedererkennen: Ja, es ist derselbe Mensch, der immer vor dem

Eingang lag. Jetzt ist er auf einmal drinnen im Tempel. Man hatte ihn immer nur bis zur Pforte gebracht, aber er ist nie selbst hineingegangen. Man wundert sich, daß so etwas noch in ihm steckt. Ein Wunder – aber eines von denen, die von innen kommen.

Fragen für die Reflexion:

- Was sind meine »Almosen«, von denen ich, wenn ich ganz ehrlich bin, lebe oder womit ich andere abspeise?
- Gibt es Menschen, die mir wirklich wichtig sind, von denen ich tatsächlich *mehr* als Almosen erwarte bzw. die von mir *mehr* als Almosen erwarten dürfen?
- Wovon lebe ich selbst? Wer oder was gibt mir die Kraft, im täglichen Leben meinen Mann zu stehen? Wer oder was »richtet mich auf«?
- Der Gelähmte blieb immer bei der Tür, er ging niemals hinein – gibt es etwas Vergleichbares auch in meinem Leben, etwas, vor dem ich wie gelähmt sitzen bleibe?

Text (6): Willst du wirklich? (Joh 5,2–9)

Manchmal kann man den Eindruck gewinnen, daß an manchen Orten, in einer Stadt oder in einem Viertel nichts normal »läuft«, nichts und niemand echt in Bewegung ist: Überall findet man nur »Blinde, Lahme und Verkrüppelte«. Alles steht fest, keiner steht auf, niemand sieht, was wirklich los ist.
Auch eine jede Epoche hat ihre spezifischen Lähmungen, Verkrüppelungen und ihre blinden Flecken. Wo sich das häuft, entsteht eine Welt für sich, mit ihren eigenen Gesetzen. So etwa kann man sich die Situation vorstellen, in die der folgende Text führt:

In Jerusalem gibt es beim Schaftor einen Teich, zu dem fünf Säulenhallen gehören; dieser Teich heißt auf hebräisch Betesda. In diesen Hallen lagen viele Kranke, darunter Blinde, Lahme und Verkrüppelte. Dort lag auch ein Mann, der schon achtunddreißig Jahre krank war. Als Jesus ihn dort liegen sah und erkannte, daß er schon lange krank war, fragte er ihn: Willst du gesund werden? Der Kranke antwortete ihm: Herr, ich habe keinen Menschen, der mich, sobald das Wasser aufwallt, in den Teich trägt. Während ich mich hinschleppe, steigt schon ein anderer vor mir hinein. Da sagte Jesus zu ihm: Steh auf, nimm deine Bahre und geh! Sofort wurde der Mann gesund, nahm seine Bahre und ging.

Erläuterungen zum Text:

* Wasser ist ein Symbol für Leben. Es stillt unseren Durst, es reinigt, wenn man darin eintaucht. Wenn das Wasser aufwallt, d.h. wenn Leben spürbar wird, eröffnet sich eine reale Chance, dann ist Heilung möglich für den, der darin eintaucht.
* So wie es dort am Teich geregelt ist, so ist es überall: Es gibt gewisse Gesetze und Konventionen, an die man sich zu halten hat; die darf man nicht hinterfragen. Es ist nun einmal so, daß nur wenige es schaffen, aus dem Elend herauszukommen – und wer das nicht schafft, hat Pech gehabt! Nichts dran zu ändern! ...?
* Könnte man doch einmal im Leben so richtig leben, so ganz und gar in dem aufgehen, was einen lebendig macht, dann wäre es vorbei mit dem Spuk der Lähmung und der Blindheit, vorbei mit diesem verkrüppelten Dasein. Einmal im Leben wirklich leben...
* Da ist einer, der schon lange krank ist. Er schleppt sich durchs Leben. Er kann einfach nicht weiterkommen, man sieht es ihm förmlich an.

* Wenn jemand so lange krank ist, obwohl er gesund würde, wenn er nur direkt seine Chance nützen würde, die das Leben ihm manchmal bietet und immer wieder geboten hat, dann stellt sich irgendwann einmal die Frage: *Willst* du denn überhaupt gesund werden? *Willst du wirklich?*
* Das aber ist anscheinend für den Kranken, den Jesus fragt, gar nicht die richtige Frage – zumindest beantwortet er sie nicht. Er sagt nicht: Natürlich will ich gesund werden, was denkst du wohl, warum ich hier liege, am Rande des Teiches, am Rande des Lebens. – Nein, seine Antwort lautet: Es liegt an den Umständen, doch nicht an meinem Willen. Die anderen sind immer vor mir, ich habe einfach keinen, der mir hilft, immer steht etwas anderes im Wege. So schleppe ich mich hin. Glück haben immer nur die anderen. Ich bin ein Verlierer, ein »*looser*«.
* Solange man sich mit anderen vergleicht, braucht man sich nicht wirklich aufzurappeln: Einen, dem es besser geht, findet man immer! – Und dies hat ganz im geheimen auch gewisse Vorteile: Man kann auf diesem Wege die Verantwortung für das eigene Leben von sich abwälzen. Es gilt, sich diese Vorteile, diesen »Krankheitsgewinn« einzugestehen, denn aus ihnen kommen die Lähmungen hervor, die einen daran hindern, ins volle Leben einzutauchen.
* Die Frage »Willst du gesund werden?« ist nicht so sehr eine Gewissensfrage, sondern eine Einladung, ein Appell, die Lähmungen von sich abzuschütteln, an die eigenen Fähigkeiten und Talente zu glauben, sie als »gegeben«, als ein Geschenk anzunehmen und etwas daraus zu machen. Diese Frage ist eine Einladung, etwas aus seinem Leben zu machen.
* »Herr, ich habe keinen Menschen...« – Das ist ein Satz, den man in vielen Varianten in unserer Zeit sehr oft hören kann: Ich habe (ja) keinen Menschen.

Niemand sorgt für mich, keiner mag mich, ich bin ganz arm dran. Solch eine »Armut« kann eine regelrechte Blockade werden, eine Art von »Reichtum«, die dafür sorgt, daß man sich nicht wirklich bewegen kann.
* Was Jesus sagt, klingt sehr direkt: Hör doch auf damit! Steh einfach auf, nimm deine Bahre, das heißt das, worauf du festliegst, worauf du dich in gewissem Sinne sogar ausruhst, das, was dich krank macht und dich so schleppend durchs Leben wandeln läßt: Nimm es auf und geh! Du *kannst* damit gehen. Es braucht dich nicht herunterzuziehen. Das reicht zur Gesundung, du wirst schon sehen, wenn du nur willst...
* Das ist es, was Jesus sagt: Du brauchst nicht auf ein Wunder zu *warten* – Gott hat das Wunder schon längst in dich gelegt.
* »Und er nahm seine Bahre und ging.« Punkt.

Fragen für die Reflexion:

- Gibt es in meiner Umgebung oder auch in mir selbst »Orte und Gegenden«, die vergleichbar sind mit dem Teich bei dem Schaftor? Welche?
- Der Kranke schleppt sich durchs Leben, d.h. daß das, was er mit sich schleppt, ihn in entscheidendem Maß bestimmt. Was schleppe ich eigentlich alles mit in meinem Leben? Gibt es bei mir Lähmungen oder Ballast, von denen ich mich am liebsten losmachen würde? Was hindert mich daran, mich frei zu bewegen?
- Will ich gesund werden?
- Was hieße für mich »meine Bahre nehmen und gehen«?

Rückblick auf das Thema:

Es ist vielleicht nicht ganz einfach, sich so direkt mit dem eigenen Willen und Unwillen auseinanderzusetzen. Aber seien wir vorsichtig mit einer Wertung oder gar einer Selbstverurteilung: In jedem Menschen stecken sowohl guter Wille als auch Unwille, sowohl Glaube als auch Unglaube. Das ist nichts Besonderes und schon gar kein Grund, »die Flinte ins Korn zu werfen«. Entscheidend ist schließlich nicht so sehr das, was in einem Menschen steckt, sondern das, was man daraus macht. So kann ich durchaus Dinge mit einem gewissen Unwillen, aber aus voller Überzeugung, daß sie notwendig sind, tun. Vielfach halten sich Zuversicht und Verzweiflung, Wille und Unwille, feste Überzeugung und Zweifel die Waage, und eine Kleinigkeit gibt den entscheidenden Ausschlag. Aber es ist ungeheuer wichtig, daß man »hier und jetzt« den Willen hat, weiterzumachen, sich zur Not durch Widerstände hindurchzubeißen. Wie hoch ein Berg ist, wie schwer er zu ersteigen ist, kann man nicht wissen, wenn man davorsteht, sondern erst dann, wenn man oben auf dem Berg angelangt ist.

Bei all dem geht es zunächst jedoch nur um den ersten Schritt, den man selbst in eine Richtung tut. Gott, so kann man erfahren, kommt uns entgegen, sobald wir selbst den ersten Schritt gemacht haben. Es steht nicht in unserer Macht, uns am eigenen Schopf aus dem Sumpf zu ziehen, aber der Wille, aus einer Situation herauszukommen, nach Heilung zu suchen, muß sich konkret zeigen. Dann nimmt Gott sich unserer Ohnmacht, unseres Unvermögens an. In dem Moment, wo man selbst bereit ist, sich auf Gott, auf Jesus einzulassen, helfen die Dinge und die Umstände dem Leben (so wie sie ihm vorher im Wege standen); es werden Ziele klarer sichtbar, und sie sind erreichbar. Es gibt tatsächlich das, was man früher die »Gnade des Beistands« nannte: daß man ganz real darauf vertrauen darf, daß Gott einem weiterhilft, wenn man aus eigener Kraft nicht mehr weiterkommt. Natürlich wird Gott nicht mit Blitz und Donner eingreifen, aber er wird sich zeigen, sich in den Dingen und Geschehnissen des Alltags erspüren lassen, und so wird eine Richtung erkennbar werden. Das zumindest haben Christen in zwei Jahrtausenden immer wieder erfahren und bezeugt. Aber wichtig ist der erste Schritt, die »Zu-Wendung«.

Drittes Thema: Sehen

Etwas wollen und sich wirklich öffnen können ist nicht ausschließlich eine Frage des eigenen »good will« oder der Bereitschaft zur Offenheit. Es ist auch nicht nur eine Frage des Vertrauens, sondern was bei alldem eine entscheidende Rolle spielt, ist die Wahrnehmung, die Perspektive, in der man die Dinge betrachtet. Manchmal tauchen erst *unterwegs* Fragen und Hindernisse in Bereichen auf, von deren Existenz man vorher gar nichts wußte. Durch einen Wechsel in der Betrachtungsweise können andere Dinge zutage gefördert, andere Prioritäten gesetzt werden.

Ein einfaches Beispiel für einen solchen Perspektivenwechsel ist das Verliebtsein: Auf einmal sieht man die Welt mit anderen Augen. Etwas sehr Wichtiges, Neues tritt in das Leben ein und verursacht erdrutschartig eine Veränderung in der Wichtigkeit der Dinge. Was gestern noch ziemlich weit oben auf der Liste wichtiger Dinge im Leben stand, kann heute völlig unwichtig werden.

Der Prozeß, um den es hier geht, ist der gleiche, auch wenn er etwas weniger abrupt und auch weniger flüchtig ist als spontane Verliebtheit (aber auch die muß sich ja im Laufe der Zeit in eine dauerhafte Beziehung wandeln). Ein nachhaltiger Perspektivenwechsel vollzieht sich langsam. In kleinen Schritten lernt man immer mehr, die Wirklichkeit mit anderen Augen zu sehen: mit den Augen der Liebe; und man lernt, darin auf neue Art Licht und Schatten zu unterscheiden. Das erfordert Geduld, dafür aber ist die Veränderung nachhaltiger als der schnelle Wechsel.

Um zu einer neuen Perspektive zu gelangen, ist es wichtig, sich zunächst einmal einzugestehen, daß man noch gar nicht direkt sieht, was man sucht und für das man nur intuitiv ein Gespür hat. Man ist gleichsam noch »blind«, die Augen des Herzens fangen vielleicht gerade erst an zu blinzeln. Als Mensch muß man erst einmal sehen *lernen!*

So sitzt da irgendwo an der Hauptstraße nach Jericho ein Blinder am Straßenrand. Zwar ist er mit Blindheit geschlagen, aber er hat etwas gehört, etwas vernommen, was er noch nicht klar erkennen kann. Er weiß nur: Da kommt jemand auf mich zu, und wenn ich mich an den halte, kann ich womöglich wieder sehen.

Text (7): Blind berufen (Mk 10,46b–52)

Als Jesus mit seinen Jüngern und einer großen Menschenmenge Jericho wieder verließ, saß an der Straße ein blinder Bettler, Bartimäus, der Sohn des Timäus. Sobald er hörte, daß es Jesus von Nazareth war, rief er laut: Sohn Davids, Jesus, hab Erbarmen mit mir! Viele wurden ärgerlich und befahlen ihm zu schweigen. Er aber schrie noch viel lauter: Sohn Davids, hab Erbarmen mit mir! Jesus blieb stehen und sagte: Ruft ihn her! Sie riefen den Blinden und sagten zu ihm: Hab nur Mut, steh auf, er ruft dich. Da warf er seinen Mantel weg, sprang auf und lief auf Jesus zu. Und Jesus fragte ihn: Was soll ich dir tun? Der Blinde antwortete: Rabbuni, ich möchte wieder sehen können. Da sagte Jesus zu ihm: Geh! Dein Glaube hat dir geholfen. Im gleichen Augenblick konnte er wieder sehen, und er folgte Jesus auf seinem Weg.

Erläuterungen zum Text:

* Ein blinder Bettler – das ist einer, der nichts vor sich sieht, der keine Perspektive hat. Sein Leben ist aussichtslos, er orientiert sich am Hörensagen, an dem, was »man« findet. Er lebt in vielerlei Hinsicht vom

Betteln, von dem, was andere Leute ihm geben oder gerademal für ihn übrig haben. Er hält die Hand auf und hofft, daß ihm einer etwas gibt.
* Aber plötzlich hört er etwas Wichtiges, und er begreift seine Chance: Da zieht einer an ihm vorbei, der ihm tatsächlich helfen könnte.
* Dieses »Vorüberziehen« ist ein Bild, das im traditionellen jüdischen Denken für eine Gotteserfahrung steht: Gott »zieht vorüber« vor den Augen Elias, vor den Augen Moses. Diese Propheten »sehen« Gott, wenn er vorübergezogen ist. Bartimäus also, so kommt hier zum Ausdruck, »sieht« etwas (jemanden), das (der) von Gott kommt. Und plötzlich wird er hellwach.
* »Hab Erbarmen mit mir«, ruft er; das klingt noch wie ein Bettelspruch, aber wichtig ist, wie er Jesus anspricht: »Sohn Davids«, das bedeutet Königssohn. Bartimäus erfährt ein klein wenig von Gott selbst, und er weiß, was jetzt auf dem Spiel steht. Er will (diesmal?) die Chance, die sich ihm bietet, nicht verpassen.
* Die Leute, die »vielen«, werden böse. Daß da einer bettelt, ist ziemlich normal, aber daß jemand tatsächlich um Erlösung schreit, das ist einfach ärgerlich, das fällt aus dem Rahmen.
* Manchmal weiß man schon im voraus, was einer sagt oder was er will. Man hat sich schon daran gewöhnt, wie er oder sie ist: Klar, das ist nun mal ein Bettler, eine Bettlerin. Mit ihm oder ihr wird (und darf!) im Grunde nie etwas Neues geschehen. Bloß keine Veränderung im gewohnten Bild!
* »Er aber schrie noch viel lauter.« – In mancher Ehe oder Familie, in manch gewohnter Beziehung gibt es solche »Bettler«, die keiner wirklich versteht. Die Situation erscheint festgefahren, bis einer schreit und endlich, endlich einmal gehört wird.

* Manchmal muß man lange und laut schreien, bis man endlich gehört wird.
* Jesus bleibt stehen, er ruft Bartimäus zu sich. Dreimal steht dieses »Rufen« in dem einen Vers. Das zeigt: Hier geht es um mehr als um ein einfaches Rufen, hier wird jemand tatsächlich zu etwas *be*rufen.
* »Hab Mut, steh auf, er ruft dich« – das, was die Leute sagen, klingt eher so, als ob sie etwas Spektakuläres erwarten würden. Aber im Vergleich zu dem, was in Bartimäus umgeht, ist es bloßes Geplärre. Sie wissen einfach nicht, was sich da in Wirklichkeit abspielt. Für so etwas sind sie einfach blind.
* Er wirft seinen Mantel von sich – alles, was ihn bedeckt hält –, er springt auf, er lebt richtig auf: Es ist, als ob ein kleines Restchen Glut in ihm auf einmal zur Flamme würde. Er läuft auf Jesus zu, im Eiltempo: Was hat er denn noch zu verlieren?
* Dann die Frage: »Was soll ich dir tun?« Was soll ich, Jesus, an dir tun, dir antun? Bisher hast du dir von allen möglichen Menschen etwas tun lassen, sie haben dich an den Rand gedrängt, zum Bettler gemacht. Auch ich werde dir wohl wieder etwas tun. Nur diesmal wirst du selber gefragt: Was willst du denn eigentlich, daß man dir tut? Was könnte dir denn *wirklich* helfen?
* »Rabbuni (= mein Meister), ich möchte wieder sehen können.« Sehen beinhaltet viel mehr, als etwas mit den Augen wahrnehmen. Sehen ist durchschauen, einordnen, richtig erkennen können. Sehen heißt, die richtige Perspektive zu wählen, in der die Dinge, die Menschen zu ihrem Recht kommen. Wirklich sehen bedeutet, etwas mit den Augen der Liebe zu betrachten.
* Aber wieso *wieder* sehen? Anscheinend hat er erst im Laufe der Zeit die rechte Sicht verloren. Das »Vorübergehen« dieses Menschen hat eine tiefe Sehn-

sucht in ihm wachgerufen, Erinnerungen an eine andere Zeit, als er noch richtig sehen konnte.
* Bartimäus kann wieder sehen: Hier hat jemand seinen Weg neu gefunden, hier hat jemand die Chance seines Lebens genutzt, einer, der sonst immer nur blind für so etwas war; einer, der sonst immer nur am (Straßen-)Rand stand. Mein Gott, er *kann* das, er ist kein blinder Bettler mehr, dem man etwas tut, er kann selbst auch was! Auf diesem Weg geht er weiter; mal sehen(!), was daraus wird.

Fragen für die Reflexion:

— Habe ich manchmal auch etwas von einem Bettler? Gibt es etwas in mir, das darum bettelt, erhört zu werden? Gibt es in meiner näheren oder weiteren Umgebung solche »Bettler«? Wie stehe ich zu ihnen?
— Wo (bei wem/in welchen Situationen) »sehe« ich mehr als das, was mich alltäglich beschäftigt und festhält?
— Habe ich je in meinem Leben so etwas wie einen »Ruf«, eine »B*eruf*ung« erspürt?
— Was will ich, das man mir tut?
— Bartimäus wirft das weg, was ihn bedeckt hält, seinen »Mantel«. Was müßte bei mir »entmantelt« werden, damit ich wieder *sehend* werde und wieder *gesehen* werde?

TEXT (8): BLINDE FLECKEN (JOH 9,1–7)

Es ist nicht immer sinnvoll, nach den Ursachen der »Lähmung« oder der »Blindheit« zu forschen. Es gibt Menschen, die viele, kostbare Jahre lang bewegungslos bleiben, weil sie alles, was sie lahmlegt, auf ihre Vorfahren, auf Fehler in der elterlichen Erziehung o. ä.

zurückführen können. So real dies in vielen Fällen auch sein mag, es kann einen Menschen auch daran hindern, seine eigenen Kräfte positiv einzusetzen und die Verantwortung für sein eigenes Leben auf sich zu nehmen. Das hemmt, wie der große Psychologe Viktor E. Frankl sich ausdrückt, die »Trotzmacht des Geistes«. Erklärungen aus der eigenen Vergangenheit dürfen nicht als Entschuldigung dafür benutzt werden, selbst nicht voll und ganz zu leben und die Verantwortung für das eigene Leben auf sich zu nehmen.
Im folgenden Text geht es um »blinde Flecken«, um Dinge, die man selbst nicht völlig im Griff hat und für die man die Verantwortung nicht gerne auf sich nimmt.

Unterwegs sah Jesus einen Mann, der seit seiner Geburt blind war. Da fragten ihn seine Jünger: Rabbi, wer hat gesündigt? Er selbst? Oder haben seine Eltern gesündigt, so daß er blind geboren wurde? Jesus antwortete: Weder er noch seine Eltern haben gesündigt, sondern das Wirken Gottes soll an ihm offenbar werden. Wir müssen, solange es Tag ist, die Werke dessen vollbringen, der mich gesandt hat; es kommt die Nacht, in der niemand mehr etwas tun kann. Solange ich in der Welt bin, bin ich das Licht der Welt. Als er dies gesagt hatte, spuckte er auf die Erde; dann machte er mit dem Speichel einen Teig, strich ihn dem Blinden auf die Augen und sagte zu ihm: Geh und wasch dich in dem Teich Schiloach! Schiloach heißt übersetzt: der Gesandte. Der Mann ging fort und wusch sich. Und als er zurückkam, konnte er sehen.

Erläuterungen zum Text:

* Ein Mann, der seit seiner Geburt blind war: Er kann nichts dafür. Es war wohl irgendwie die Schuld seiner Eltern, sie haben ihm einen Knacks gegeben, meinen

die Jünger. Irgendwer muß doch Schuld daran haben. Solange ein anderer da ist, dem man die Schuld geben kann, braucht sich nicht wirklich etwas zu ändern.
* Jesus geht die Frage anders an: Es interessiert ihn gar nicht, wer Schuld daran hat. Betrachtet die Sache doch einmal von einer anderen Seite, sagt er, hier bietet sich eine Chance, hier soll sich zeigen, daß eine lebendige Beziehung zu Gott tatsächlich imstande ist, einem die Augen zu öffnen, blinde Flecken aufzudecken.
* Blinde Flecken: Man kann ja nichts dafür, daß man manche Dinge einfach nicht sieht. Dafür kann ich nichts – dafür brauche ich keine Verantwortung zu übernehmen. Was *ich* nicht sehe, gibt es im Grunde nicht – wie ein Kind, das sich die Augen zuhält und ruft: »Ich bin nicht da.« Ob es nun meine Wirkung auf andere ist, die ich nicht im Griff habe, oder meine Art des Auftretens, meine Wortwahl oder Denkart, meine ewigen Frustrationen – damit müssen die anderen halt leben, denn ich bin nun einmal so.
* Im Grunde entstehen solch blinde Flecken dadurch, daß man etwas nicht sehen, nicht zulassen *will*, es quasi unter den Teppich kehrt – man blendet es aus und bekommt es dadurch nicht recht in den Griff, denn so will man eigentlich lieber nicht sein. So sagt man denn: Es gehört nicht zu mir.
* Das Erkennen und Annehmen der Dinge, die gleichsam im Schatten der Seele mitgehen, darf man nicht auf andere verlagern, die meine Blindheit akzeptieren sollen. Man muß seine blinden Flecken berühren und aufdecken lassen, lernen, sie selber anzunehmen und zu integrieren. Kein Mensch kann das alleine, aber Gott sei Dank gibt es ab und zu Menschen, die von Gott herkommen und die die richtige Art finden, einen genau dort zu berühren und zu heilen.
* Speichel, Lebenssaft, vermischt mit Erde, Urgrund,

von dem wir stammen: Es ist ein ganz altes, tiefsinniges Ritual, das Jesus hier vollzieht. Er bringt den Blinden zurück auf den eigenen Boden, ganz nah an den Schöpfungsgrund.

* Wasch dich, laß dir den Schleier von den Augen nehmen, laß das, was blinde Flecken sind, in deine Realität hineinkommen! Wasch dich im Teich Schiloach – daß der Name dieses Teiches hier so ausdrücklich erwähnt und sogar noch übersetzt wird, ist von Bedeutung: »Der Gesandte« ist einer, der an einen Ort geht, den er nicht selbst gewählt hat, der nicht in seiner eigenen Blickrichtung liegt. An diesem Ort, an den der Blinde *geschickt* wird, geschieht etwas, was er noch nicht kennt, was er selbst nicht übersehen kann, nicht beherrscht.
* Die einzige Möglichkeit, sich wirklich von blinden Flecken zu befreien, besteht darin, daß man sich von einem anderen dort berühren läßt, dorthin führen läßt, wo man bislang nicht hinschauen wollte, indem man wirklich auf ihn hört. Das erfordert Vertrauen. Ohne dieses Vertrauen aber findet man immer nur zu dem, was man selbst schon kennt. So wird das Leben leblos, langweilig, bleibt es im Grunde immer nur dasselbe. – »Wasch dich im Teich Schiloach«: Tauche unter in dem, wohin ein anderer dich sendet. Da gibt es noch eine Menge zu entdecken. Du glaubst ja gar nicht, wie blind du warst!

Fragen für die Reflexion:

– Habe ich selbst schon einmal bei jemandem »blinde Flecken« festgestellt?
– Welche Personen oder Umstände haben mich auf meinem persönlichen Weg bislang geleitet?
– Gibt es bei mir Bereiche, wo ich das Gefühl habe, nicht weiterzukommen?

- Gibt es in meinem Leben Dinge, die immer mal wieder schiefgehen, wofür ich kaum eine Erklärung habe?
- Habe ich es je erlebt, daß ich durch Mitwirkung eines anderen etwas Wesentliches entdeckt habe, was ich selbst wahrscheinlich so nie gefunden hätte?
- Zu wem habe ich genug Vertrauen, daß er/sie mich führen kann, wenn ich selbst nicht weiter weiß?
- Mit wem kann ich mich aussprechen, zu wem kann ich wirklich *alles* sagen?
- Wovor habe ich persönlich Angst, was soll ein anderer in mir besser nicht berühren oder ansprechen?

TEXT (9): SEHEN LERNEN (MK 8,22–25)

Genauso wie es eine Gabe ist, einen Menschen zu lieben, und dies dennoch im Laufe der Zeit immer wieder erlernt und vertieft werden muß, so geht es mit dem Sehen, von dem hier die Rede ist, dem Sehen mit den Augen des Herzens. Es ist eine Entdeckungsreise, bei der vieles erst nach und nach klarer erkennbar wird. Es ist ein Prozeß, der bei dem einen schneller, bei dem anderen langsamer verläuft, in dem man auch unterschiedlich »weit« kommen kann. Das kommt im folgenden Text zum Ausdruck. Hier wird ein Mensch nach und nach sehend, indem er einem anderen zugesteht, seine blinden Stellen zu berühren.

Sie kamen nach Betsaida. Da brachte man einen Blinden zu Jesus und bat ihn, er möge ihn berühren. Er nahm den Blinden bei der Hand, führte ihn vor das Dorf hinaus, bestrich seine Augen mit Speichel, legte ihm die Hände auf und fragte ihn: Siehst du etwas? Der Mann blickte auf und sagte: Ich sehe Menschen; denn ich sehe etwas, das wie Bäume aussieht und umher-

geht. Da legte er ihm nochmals die Hände auf die Augen; nun sah der Mann deutlich. Er war geheilt und konnte alles ganz genau sehen.

Erläuterungen zum Text:

* Das Berühren der blinden Stellen hat heilende Wirkung. Aber das Berühren geschieht nicht »einfach so«, es setzt Intimität voraus. Jesus nimmt den Blinden bei der Hand und führt ihn hinaus, weg von den Menschen. Er und der Blinde sind allein, gleichsam unter vier Augen.
* Berühren ja, aber behutsam und vor allem kräftigend. Die Hände auflegen – das ist eine uralte Geste der Kraftübertragung. Es ist die Berührung, die Gott selbst durch die Hände von Menschen vornimmt – ohne Analyse, ohne Schuldzuweisung. Und der Mann spürt eine Kraft, die ihn endlich aufblicken läßt.
* Der Mann blickt auf, er schaut in die Höhe. Hat er denn bislang nur zu Boden geblickt, nur gesehen, was ihn hinunterzog, ihn auf den Boden drückte? Hat er gar nicht gesehen, was sich in der Welt bewegt?
* »Siehst du etwas?« fragt Jesus den Blinden. Anscheinend kann man nicht so einfach von heute auf morgen sehen. Es geht langsam voran, nicht mit Gewalt. Es ist eine behutsame Annäherung, in jeder Beziehung.
* Er sieht »Leben« – der Baum stellt ein Symbol für Leben dar –, er sieht Bewegung: So etwa müßten Menschen aussehen. Ist das das Menschliche? Er kennt bisher nur das, was am Boden ist, er weiß gar nicht, was aufrechtes Menschsein bedeuten kann...
* Menschen – wie Bäume. Die Umrisse werden langsam sichtbar, er spürt Leben. Eigentlich sieht er nur Bäume, aber der Verstand sagt ihm: Das müssen Menschen sein, denn sie bewegen sich. Aber sie haben

noch keine Gesichter, es sind nur unklar wirkende Gestalten.
* Dann noch einmal: eine Kraft, eine zärtliche, heilende Berührung. Und dann ist alles deutlich. Zweimal steht es im selben Satz: Er konnte alles ganz genau sehen. Er weiß nun wirklich, was los ist. Seine Augen sind geöffnet, sein Herz ist aufgegangen, er kann aufblicken und um sich schauen. Endlich sieht er mehr als sich selbst und den Boden, auf dem er sich befindet.

Fragen für die Reflexion:

- Welche Berührungspunkte mit anderen Menschen habe ich?
- Wer oder was führt mich in meinem Leben?
- Wenn ich aufblicke – was sehe ich dann in der Welt um mich herum?
- Was ist für mich in meinem bisherigen Werdegang klar geworden? (Wenn möglich, eine Liste anfertigen mit »Klarheiten«, eventuell ergänzt durch eine Liste, auf der Unklarheiten und Fragen aufgeschrieben werden.)

Rückblick auf das Thema:

Ein Perspektivenwechsel kommt gerade dadurch zustande, daß im eigenen Leben auf eine neue Art ein Sinn, ein Ziel auftaucht. Dann kommt man innerlich in Bewegung, dann möchte man etwas erreichen, für etwas kämpfen, und die lähmende Ich-Bezogenheit schmilzt weg. Da kann beim Lesen durchaus auch die bange Frage stehen, ob so etwas jemals wirklich geschieht und wie das denn vor sich geht. Die besprochenen Texte geben darauf eine klare Antwort: Man muß es *zulassen*. Zulassen, daß man etwas Wichtiges nicht sieht; zulassen, daß man aus sich selbst heraus keine fruchtbare Perspektive im Leben hat; zulassen, daß es blinde Flecken gibt, an die man nicht gerne herangeht; zulassen, berührt zu werden. Das Wort »lassen« drückt genau aus, um was es dabei geht: daß etwas nicht mit Gewalt geschehen darf, sondern daß es um eine Weise des Empfangens geht, um etwas, das man nicht selbst *machen* kann; etwas, auf das man warten muß; etwas, wofür man einen anderen nötig hat; etwas, um das man bittet.

Auch die Sehnsucht, von Blindheit befreit zu werden, ist bereits ein wichtiger Schritt dorthin, wenn nicht gar der wichtigste Schritt in diesem Zusammenhang. Wenn Sie das Gefühl haben sollten, bei sich selbst vor geschlossenen Türen zu stehen, dann nehmen Sie das am besten ganz gelassen hin: Ich stehe vor einer Tür, die ich in diesem Moment nicht aufbekomme. Sie läßt sich nicht mit Gewalt öffnen, sie wird sich im Laufe der Zeit langsam wie von selbst – vielleicht nach innen, vielleicht nach außen – öffnen.

Ganz wichtig ist es jetzt, die Dinge, die man sich neu erworben oder vorgenommen hat, einzuhalten und so – wenn auch vielleicht nur körperlich – der »Trotzmacht des Geistes« Ausdruck zu verleihen. Und zeigen Sie Gott ruhig einmal, daß Sie nicht bereit sind, sich mit Ihrem Nicht-Sehen abzufinden! Rufen Sie, schreien Sie ruhig zu Gott, damit er Sie sieht und hört – und achten Sie dann auf das Echo in Ihrem Herzen.

Es ist eine bewährte Übung, einmal eine Zeitlang (z.B. einen Tag, eine Woche) auf die eigene Körperhaltung und die eigene Blickrichtung zu achten: Gehe ich gerade, schaue ich den Menschen in die Augen, wenn ich mich mit ihnen unterhalte, ist mein Blick beim Gehen stark gesenkt oder trage ich den Kopf hoch?

Natürlich ist es auch interessant und aufschlußreich,

die Beobachtung bei anderen anzustellen, denn die Körperhaltung sagt – zumindest in ihren typischen Grundzügen – oft etwas aus über den Geist, der in diesem Körper wohnt.

Die Punkte, die bei den Texten anklangen, werden uns noch mehrfach beschäftigen. Wie in einer Spiralbewegung werden sie auf einer anderen Ebene bei den nächsten Themen wieder anklingen. So wird z. B. das Berühren und Berührtwerden noch einmal ausdrücklich thematisiert, und auch der »aufrechte Gang« im Leben wird uns noch einmal beschäftigen.

Das folgende Thema jedoch geht auf das ein, was geschieht oder geschehen kann, wenn man aufblickt. Das erste, was erfahrbar wird, ist Angst: Angst vor dem, was helfen kann; Angst vor den Kräften, die plötzlich frei werden können; Angst davor, einen neuen Anfang zu machen.

Viertes Thema: Angst durchstehen

Wenn in der Bibel von Dämonen die Rede ist, dann geschieht darin eine Art Personifikation verschiedenster Krankheitsursachen. Wenn zu jener Zeit jemand geistig – wir würden heute in vielen Fällen sagen: psychisch – abnormal reagierte, dann war er »von einem Dämon besessen«, der »ausgetrieben« werden mußte. Das Wort »Dämon« oder »unreiner Geist« ist ein vielschichtiger Begriff, der in den unterschiedlichsten Fällen Anwendung fand. Menschen, die von Dämonen besessen waren, wurden vielfach ausgegrenzt, sie lebten in extremen Fällen außerhalb der Stadt in Höhlen, ähnlich den Aussätzigen.
Die drei Texte, die uns bei diesem Thema beschäftigen werden, haben allesamt mit solch unreinen Geistern zu tun. Es wird sich zeigen, daß es sich dabei um Kräfte und Mächte handelt, die in irgendeiner Form in jedem Menschen existieren, wenn auch nicht in jener übersteigerten Form, daß man andauernd von ihnen besetzt, »besessen« ist. Dämonen kann man in ihrer Entstehung – gleichsam in geringer Dosis – erkennen als die Stimmen und Einflüsse, die einen Menschen vom Guten, von seiner Bestimmung, von seinem wahren Selbst wegführen. Wenn schlechte Einflüsse – welche Ursache sie auch haben mögen – lange auf einen Menschen einwirken, kommt irgendwann der Zeitpunkt, ab dem er von ihnen beherrscht wird, ab dem es kein völliges Zurück mehr gibt. In unserer Zeit ist dies z.B. bei verschiedenen Formen körperlicher oder seelischer Abhängigkeit ersichtlich, etwa der Alkohol- oder Drogenabhängigkeit, dem zwanghaften Perfektionismus oder dem bekannten Phänomen des »workaholic«, der seiner Arbeit und Karriere alles zum Opfer bringt.
Dämonen sind also zu verstehen als die Kräfte im Men-

schen, die ihn auf die falsche Bahn lenken und auf die Dauer immer mehr beherrschen und krank machen und die am Ende eine eigene Dynamik entwickeln, der sich der Mensch ausgeliefert erfährt. Es geht in diesem Zusammenhang zunächst einmal gar nicht um die Frage nach Schuld oder Unschuld, sondern um etwas, das man – aus welchem Grund auch immer – nicht mehr selbst ändern kann, wovon man »erlöst« werden muß, um wieder leben zu können.

TEXT (10): ANGST VOR DER RETTUNG (LK 4, 31–37)

Es ist ein auffälliges Phänomen in einem solch dämonischen Zustand, daß der oder die Betroffene sehr wohl erkennt und oft regelrecht weiß, wer oder was ihn (sie) aus dieser Situation herausholen könnte. Der Blick dafür ist ausgesprochen scharf – gleichzeitig aber erhöhen sich die Abwehrkräfte gerade gegen das, was helfen könnte. So ist bei einem »Besessenen« die Abwehr oft so groß und lautstark, daß man darunter das tiefe Verlangen nach Erlösung kaum mehr gewahr wird. Es sieht so aus, als ob sich die »bösen Geister« gegen ihre »Austreibung« zur Wehr setzten und den Menschen, den sie besetzt halten, mit sich in den Abgrund reißen würden.
Die meisten Menschen erleben das natürlich nicht so extrem, doch sind die Mechanismen, die dabei am Werke sind, vielfach wiederzuerkennen: Der Widerstand gegen etwas ist oft da am stärksten, wo es um Veränderung und Heilung geht. Und gerade dann, wenn man einen neuen Weg einschlägt, ist der Sog in den Abgrund groß. Man hat sich schon irgendwie mit dem abgefunden und arrangiert, was man eigentlich nicht wollte und was einen daran hindert, wirklich zu leben und frei zu sein, so daß man sich gegen alles wehrt, was

diese scheinbare Harmonie zerstört und das »Gleichgewicht des Schreckens« ins Wanken bringt.
Dieses Phänomen läßt sich im folgenden Text aus dem Lukasevangelium beobachten:

Jesus ging hinab nach Kafarnaum, einer Stadt in Galiläa, und lehrte die Menschen am Sabbat. Sie waren sehr betroffen von seiner Lehre, denn er redete mit göttlicher Vollmacht.
In der Synagoge saß ein Mann, der von einem Dämon, einem unreinen Geist, besessen war. Der begann laut zu schreien: Was haben wir mit dir zu tun, Jesus von Nazaret? Bist du gekommen, um uns ins Verderben zu stürzen? Ich weiß, wer du bist: der Heilige Gottes! Da befahl ihm Jesus: Schweig und verlaß ihn! Der Dämon warf den Mann mitten in der Synagoge zu Boden und verließ ihn, ohne ihn jedoch zu verletzen.
Da waren alle sehr erstaunt und erschrocken, und einer fragte den andern: Was ist das für ein Wort? Mit Vollmacht und Kraft befiehlt er den unreinen Geistern, und sie fliehen. Und sein Ruf verbreitete sich in der ganzen Gegend.

Erläuterungen zum Text:

* Der Mann in der Synagoge ist nicht mehr er selbst. Etwas anderes, ein anderer, beherrscht ihn, »es schreit in ihm«. Er fühlt sich bedroht, denn er spürt, daß hier ein Durchbruch gelingen könnte, bei dem das hörbar würde, was hinter all dem Geschrei steckt. Aus seinem Mund klingt es überlaut: Laß mich in Ruhe! Wir haben doch gar nichts miteinander zu tun! Was willst du eigentlich von mir?
* »Ich weiß, wer du bist...«, ruft der Dämon in ihm. Gerade in der Bedrängnis weiß man sehr genau, wer oder was einen befreien könnte, und dennoch wider-

setzt man sich gerade den Menschen am meisten, die einem mit Liebe und Kraft begegnen.

Der Mann spürt: Wenn ich mich darauf einlasse, hier und jetzt, dann kann es zu einer Entscheidung kommen, der ich mich unweigerlich stellen muß. – Gott, befreie mich, aber jetzt lieber noch nicht!

* Die Gegenwehr ist heftig, doch erst wenn das Schreien und die Unruhe fliehen, ist es möglich, sich der Ursache der Dämonie zu nähern und sich ihr zu stellen.
* Schweig und verlaß ihn, du unreiner Geist. Diesem Dämon muß man einfach den Mund verbieten, er soll nicht mehr zu Wort kommen: Hör auf mit dem Geschrei, Schluß damit, aus, finito, basta! Verlasse ihn, *jetzt*!
* Es gibt Momente, da ein anderer einem so etwas direkt ins Gesicht sagen muß. Auch wenn man selbst den Ausweg erahnt oder weiß, so muß es doch von einem anderen »mit Vollmacht«, mit Autorität gesagt werden.
* »Der Dämon warf den Mann mitten in der Synagoge zu Boden.« Das ist das, was äußerlich geschieht; es ist für jeden sichtbar. So äußert sich, was innerlich in diesem Mann passiert, und das haut ihn glatt um: Ihm wird klar, daß sein ganzes Geschrei, sein besessener Widerstand, nicht viel mehr ist als die Weigerung, sich dem eigenen Leben zu stellen, voll im Leben zu stehen.
* Es ist ungeheuer schwierig, sich dem eigenen Leben zu stellen und es auf sich zu nehmen, so wie es ist. Kaum etwas im Leben ist schwieriger als das! So erzählt Franz Kafka in seiner berühmten Parabel »Vor dem Gesetz« von einem Mann, der am Eingang zum »Gesetz«, d.h. zur Wahrheit seines Lebens steht. Vor dem Gesetz aber steht ein Türhüter, der einem angst und bange macht und der dem Mann suggeriert, daß

sich ihm noch viel mächtigere Figuren in den Weg stellen werden. So bleibt der Mann vor der Tür zum Gesetz stehen, bis er endlich sterbend fragt, warum denn nie jemand anderes zu diesem Eingang gekommen sei. Da erfährt er im Augenblick seines Sterbens, daß dieser Eingang einzig und allein für ihn bestimmt war. Er hat ihn nicht benutzt, er hat sich von dem so mächtig erscheinenden »Türhüter« hinhalten lassen.

* Vor dem Gesetz steht ein Türhüter... Der kann zu einer dämonischen Kraft heranwachsen, wenn man sich von ihm abschrecken läßt. Jedes Mal, wenn ich einen entscheidenden Schritt durch eine Türe machen will, steht dort ein Wächter. Doch dies ist *meine* Tür, durch die ich hindurch soll. – Einfach *gehen*, nichts sonst.

* Aber es gibt auch Helfer, immer wieder. Das sind die, die selbst schon durch ihre »Türen« hindurchgegangen sind; sie sind wie Engel, wie Gottesboten. Manchmal sind es Umstände, Situationen, kleine Signale, in denen Gottes Stimme erklingt, mit Vollmacht und mächtig genug, den Spuk aus der Welt zu schaffen. Es sind die, die mir Mut machen, die mich darin bekräftigen, daß ich durch diese Tür *hindurch* muß. Jesus ist solch ein Gottesbote.

Fragen für die Reflexion:

– Was sind »unreine Geister« für mich?
– Gibt es Dinge, die mich (tendenziell) besetzt halten, mich besetzen? Woran hindern sie mich?
– Welche Umstände, welche Menschen, welche Situationen haben mich auf meinem Lebensweg wirklich weitergeführt?
– »Türhüter« sind oft keine Menschen, sondern bestimmte Hürden oder Bann-Botschaften, die einen

am Weitergehen hindern, wie z.B. das Gefühl, daß man es doch nie schafft, wirklich auf einen grünen Zweig zu kommen, oder das Gefühl, keine Zeit zu haben, das sich immer gerade dann einstellt, wenn man vor einem wichtigen Schritt steht. Kann ich solche Hürden oder Bann-Botschaften im konkreten Leben erkennen und benennen? Was könnte solch einen »Bann« lösen?

Text (11): Ungebundene Kräfte (Mk 5, 2–20)

Es gibt Menschen, deren Leben äußerlich vielleicht ganz durchschnittlich und »normal« verläuft, die sich aber selbst ungeheuer verloren vorkommen. Sie finden aus ihrer Einsamkeit, aus ihrem Eingeschlossensein nicht heraus, auch wenn nach außen hin vielleicht vieles ganz strahlend aussieht. Sie sind im Laufe der Zeit langsam abgestumpft, z.B. auf dem Weg über Kompromisse, »die man halt machen muß«. Jetzt leben sie wie in einer Grabhöhle, sie leben und sind doch nicht recht lebendig, ihr Freiheitsdrang ist wie zugeschüttet, Mauern umgeben sie. Dahinter aber schlummern ungeheure Kräfte, die sich – wenn sie nicht positiv eingesetzt werden können – irgendwann einmal gegen den Menschen selbst richten. Man wird immer gleichgültiger, oder es wächst ein regelrechter Haß auf das Leben, auf sich selbst. Manchmal sieht es so aus, als wäre der Schmerz, den solche Menschen sich und anderen zufügen, ihre einzige echte Lebensform, als ob sie nur so spürten, daß sie da sind. Von solch einem Menschen handelt der folgende Text:

Als Jesus aus dem Boot stieg, lief ihm ein Mann entgegen, der von einem unreinen Geist besessen war. Er kam von den Grabhöhlen, in denen er lebte. Man

konnte ihn nicht bändigen, nicht einmal mit Fesseln. Schon oft hatte man ihn an Händen und Füßen gefesselt, aber er hatte die Ketten gesprengt und die Fesseln zerrissen; niemand konnte ihn bezwingen. Bei Tag und Nacht schrie er unaufhörlich in den Grabhöhlen und auf den Bergen und schlug sich mit Steinen. Als er Jesus von weitem sah, lief er zu ihm hin, warf sich vor ihm nieder und schrie laut: Was habe ich mit dir zu tun, Jesus, Sohn des höchsten Gottes? Ich beschwöre dich bei Gott, quäle mich nicht! Jesus hatte nämlich zu ihm gesagt: Verlaß diesen Mann, du unreiner Geist! Jesus fragte ihn: Wie heißt du? Er antwortete: Mein Name ist Legion; denn wir sind viele. Und er flehte Jesus an, sie nicht aus dieser Gegend zu verbannen.
Nun weidete dort an einem Berghang gerade eine große Schweineherde. Da baten ihn die Dämonen: Laß uns doch in die Schweine hineinfahren! Jesus erlaubte es ihnen. Darauf verließen die unreinen Geister den Menschen und fuhren in die Schweine, und die Herde stürzte sich den Abhang hinab in den See. Es waren etwa zweitausend Tiere, und alle ertranken. Die Hirten flohen und erzählten alles in der Stadt und in den Dörfern. Darauf eilten die Leute herbei, um zu sehen, was geschehen war. Sie kamen zu Jesus und sahen bei ihm den Mann, der von der Legion Dämonen besessen gewesen war. Er saß ordentlich gekleidet da und war wieder bei Verstand. Da fürchteten sie sich. Die, die alles gesehen hatten, berichteten ihnen, was mit dem Besessenen und mit den Schweinen geschehen war. Darauf baten die Leute Jesus, ihr Gebiet zu verlassen.
Als er in das Boot stieg, bat ihn der Mann, der zuvor von den Dämonen besessen war, bei ihm bleiben zu dürfen. Aber Jesus erlaubte es ihm nicht, sondern sagte: Geh nach Hause und berichte deiner Familie alles, was der Herr für dich getan und wie er Erbarmen mit dir gehabt hat. Da ging der Mann weg und ver-

kündete in der ganzen Dekapolis, was Jesus für ihn getan hatte, und alle staunten.

Erläuterungen zum Text:

* Dieser Mensch, der sich auf Jesus zubewegt, ist ein Ungebändigter, er ist roh, ungezähmt. Nichts und niemand hat ihn bis dahin binden können, keiner hat seine wilden Kräfte zähmen können. Wohin er auch kommt mit all seinen Wahnsinnskräften, da gibt es Geschrei.
* Er ist ohne jede Bindung, er steht völlig allein mit dem, was ihn beherrscht und was immer wieder zum Ausbruch kommt. Er sucht einen, der etwas mit ihm anfangen kann, der eine positive Ordnung in die Vielzahl dessen bringen kann, was so völlig durcheinander in ihm lebt, was er hinausschreit und was ihn wahnsinnig macht, ja bis an den Rand des Grabes bringt.
* Anscheinend strahlt Jesus etwas aus, was diesem wirren Tun ein Ende bereiten könnte. Der Text stellt dieses Geschehen als eine Momentaufnahme dar, um die große Kraft, die von Jesus ausgeht, zu illustrieren und zu unterstreichen. Wahrscheinlich aber geschieht so etwas im konkreten Leben über Wochen oder Monate oder gar Jahre hinweg. Das würde dann heißen, daß Jesus – wenn man sich auf ihn einläßt, ihn auf sich zukommen läßt – im Laufe der Zeit bis in die »Grabhöhlen«, die leblosen und versteckten Punkte im Menschen durchdringt, so daß nach und nach klar wird: Wenn ich mich tatsächlich darauf, d.h. auf ihn, auf ein anderes Leben, ein Leben für Gott, einlasse, dann ist es vorbei mit der Wildheit, mit dem Chaos in mir und der dauernden Selbstquälerei.

* Und schon erheben sich die Widerstände, riesengroß. Man erkennt eine Unzahl Dinge, die dagegen sprechen, es unmöglich machen, einen hindern und nicht wollen, daß sie geordnet werden. »Legion«, das heißt: endlos viele Kräfte, Vielheit statt Einheit: bloß keine Ordnung, geschweige denn Unterordnung.
* Es ist nicht der richtige Weg, diese Kräfte einfach zu brechen oder gar zu vernichten. Sie könnten auch positiv wirken, das Zerstörerische aber muß aus ihnen verschwinden, es zieht in den Abgrund. »Ordentlich gekleidet und wieder bei Verstand« findet man den Mann wieder; darin drückt sich aus, daß die chaotische Vielheit der Kräfte zu einem geordneten Ganzen geworden ist. Nicht dieser Mensch darf ausgegliedert werden, sondern seine Kräfte bedürfen der Annahme, der Ordnung, der Integration in das Zusammenleben.
* Wie kleingeistig man bislang mit diesem Menschen umgegangen ist, zeigt die Reaktion der Leute: Sie können es einfach nicht ertragen, daß es solche Kräfte gibt, geschweige denn, daß man sie aufgreift und so das Zerstörerische bannt. Solche Kräfte gibt es aber. Gerade dann, wenn Menschen mit solchen Kräften ausgegrenzt und abgewiesen werden, verrohen und verwildern ihre Kräfte. Ausgrenzung aus dem Zusammenleben, aus dem, was »man« tut, weg in die Grabhöhlen, ist die kleingeistige Antwort auf ungewöhnliche Kräfte. Jesus ist anders, er sieht den Menschen, fragt nach dem Namen, seiner Identität; er erkennt das Unmenschliche dieser Situation.
* Und was geschieht? – Die Leute jagen Jesus weg: So etwas soll es bei ihnen nicht geben. Wer nicht so ist wie sie, muß halt verschwinden. Für wirkliche Veränderung ist hier einfach kein Platz, das kostet nur Geld und bringt Unruhe. – Wie gleichen sich doch Menschen und Gruppen, ja weltweite Bewegungen durch alle Jahrhunderte hindurch!

* Merkwürdig ist das Ende der Geschichte: Der Mann bittet, bei Jesus bleiben zu dürfen. Das liegt auf der Hand, denn da, wo er war, bei den Grabhöhlen, da(s) lebt er nicht mehr, und dort, wo er hingehört, zu den Leuten in den Dörfern, gibt es für Seinesgleichen keinen Platz. Aber Jesus »erlaubt« (dasselbe Wort, das im Umgang mit den Dämonen gebraucht wird) es ihm nicht. Das kann viele Gründe haben. Ein möglicher Grund ist der, daß dieser Weg der Anhängerschaft für solch einen kräftigen Menschen viel zu konventionell ist. Er soll seine Kräfte anders gebrauchen. Und er wird sie nötig haben, wenn er verkünden soll, was Gott ihm getan hat.
* »Geh nach Hause und berichte (...), was *der Herr* für dich getan hat.« Er soll erkennen und bezeugen, daß es hier nicht nur um menschliche Kräfte geht, sondern daß *Gott* am Werk ist. Er soll nicht bei Jesus hängenbleiben, sondern selber ein eigenes Band mit Gott knüpfen, er, der Ungebundene. Jesus sucht nicht noch einen Jünger, er sucht einen Freund, einen Partner, einen, der, so wie er, mit Gott lebt und der, so wie er, verkündet, was Gott für ihn getan hat.

Fragen für die Reflexion:

– Woran fühle ich mich (positiv) gebunden? Welche Bindungen stehen mir eher im Wege?
– Was »zerstreut« mich in meinem alltäglichen Leben, d. h., was bringt mich von dem ab, was ich eigentlich für wichtig halte?
– Habe ich je davon geträumt, daß aus meinem Leben etwas Großartiges werden sollte oder daß Gott etwas Besonderes mit mir vorhat? Was ist aus diesen Träumen geworden?
– Schlummern in mir möglicherweise Kräfte, die noch nicht angebohrt, die noch nicht recht geweckt sind?

Was müßte geschehen, damit diese Kräfte sich entfalten könnten?
- Wenn ich mich einmal ganz konkret in die Vorstellung einlebe, daß Jesus auf mich zukommt – was empfinde ich dabei? Was würde ich zu ihm sagen oder ihm zurufen?

TEXT (12): ALLES KANN, WER GLAUBT? (MK 9, 14–29)

Trauen wir Gottes Kraft wirklich etwas zu in unserem Leben, oder vertrauen wir im Grunde doch nur auf eigene Kräfte? Gottes Kraft manifestiert sich nicht in irgendwelchen Sensationen oder Zaubereien, sondern im Wunder einer tatsächlichen, aber völlig unspektakulären Veränderung im Leben, einer Genesung. Seltsamerweise scheinen wir eher geneigt zu sein, auf etwas zu warten und zu hoffen, was mit Paukenschlägen gleichsam vom Himmel herabfällt und unter Mißachtung aller Naturgesetze in die Geschichte eingreift, als uns auf einen Weg zu begeben, auf dem wir uns fast unmerklich Schritt für Schritt verändern. Wenn man sich auf Gott einläßt, geschehen Wunder, aber keine Sensationen. Das Wesentliche sind die inneren Veränderungen: eine Öffnung finden bei all dem, was sich in den Weg stellt; der Perspektivenwechsel, der sich nach und nach vollzieht; die veränderte Ordnung der Kräfte, die in einem Menschen dadurch entsteht, daß andere Dinge als vorher wichtig für ihn sind. So vollzieht sich nach und nach eine innere Wandlung, die daher herrührt, daß man sich auf Gott einläßt, auf das, was man von ihm versteht, auch wenn es manchmal nur wenig zu sein scheint oder wenn man sich ihm aus purer Not zukehrt. Wenn andere Menschen einem dann nach Monaten oder Jahren wieder begegnen, denken sie, es sei ein Wunder geschehen – und so ist es auch, aber eben nicht

eine Sensation mit Pauken und Trompeten, sondern etwas durch und durch Menschliches – aus Gottes Kraft heraus!
Der folgende Text handelt von dem Vertrauen auf solch ein reales Wunder, er handelt von Gottes Wirken, davon, daß man Gott tatsächlich etwas zutrauen kann, was aus eigener Kraft nicht möglich ist – obwohl es sich sichtbar und menschlich unter uns vollzieht.

Als sie zu den anderen Jüngern zurückkamen, sahen sie eine große Menschenmenge um sie versammelt und Schriftgelehrte, die mit ihnen stritten. Sobald die Leute Jesus sahen, liefen sie in großer Erregung auf ihn zu und begrüßten ihn. Er fragte sie: Warum streitet ihr mit ihnen? Einer aus der Menge antwortete ihm: Meister, ich habe meinen Sohn zu dir gebracht. Er ist von einem stummen Geist besessen; immer wenn der Geist ihn überfällt, wirft er ihn zu Boden, und meinem Sohn tritt Schaum vor den Mund, er knirscht mit den Zähnen und wird starr. Ich habe schon deine Jünger gebeten, den Geist auszutreiben, aber sie hatten nicht die Kraft dazu. Da sagte er zu ihnen: O du ungläubige Generation! Wie lange muß ich noch bei euch sein? Wie lange muß ich euch noch ertragen? Bringt ihn zu mir! Und man führte ihn herbei. Sobald der Geist Jesus sah, zerrte er den Jungen hin und her, so daß er hinfiel und sich mit Schaum vor dem Mund auf dem Boden wälzte. Jesus fragte den Vater: Wie lange hat er das schon? Der Vater antwortete: Von Kind auf; oft hat er ihn sogar ins Feuer oder ins Wasser geworfen, um ihn umzubringen. Doch wenn du kannst, hilf uns; hab Mitleid mit uns! Jesus sagte zu ihm: Wenn du kannst? Alles kann, wer glaubt. Da rief der Vater des Jungen: Ich glaube, hilf meinem Unglauben! Als Jesus sah, daß die Leute zusammenliefen, drohte er dem unreinen Geist und sagte: Ich befehle dir, du stummer und tauber

*Geist: Verlaß ihn und kehr nicht mehr in ihn zurück!
Da zerrte der Geist den Jungen hin und her und verließ
ihn mit lautem Geschrei. Der Junge lag da wie tot, so
daß alle Leute sagten: Er ist gestorben. Jesus aber faßte
ihn an der Hand und richtete ihn auf, und der Junge erhob sich.
Als Jesus nach Hause kam und sie allein waren, fragten ihn seine Jünger: Warum konnten denn wir den Dämon nicht austreiben? Er antwortete ihnen: Diese Art
kann nur durch Gebet ausgetrieben werden.*

Erläuterungen zum Text:

* Zunächst eine kurze Klarstellung zu diesem nicht ganz einfachen Text, da ansonsten die Meditation darüber in verkehrte Bahnen gleiten könnte: Es geht hier nicht um die Frage der richtigen Methode zur Austreibung von Dämonen. Der Text bietet auch keine Grundlage für eine gewerbliche Konzession für Gebetsheiler oder Exorzisten. Ob es eine übernatürliche Heilung durch bestimmte Gebete, Gesten oder Formeln gibt, mag dahingestellt sein; das zu klären, ist nicht Anliegen dieses Textes. Gebet ist kein Zaubermittel oder Ersatz für Medizin, eher ein Integrationsmoment, d. h. dasjenige, wo alles konzentriert zusammenkommt im rückhaltlosen Umgang mit Gott, im völligen Sich-Überlassen an *seine* Kraft.
* Entscheidend in diesem Text ist das Können und der Glaube an das, was Gott kann. Die Genesung des Jungen steht in der Perspektive dessen, was der Vater tut: Weil er glaubt, kommt der Junge zum Leben.
* Symbolisch betrachtet steht der Junge im weitesten Sinne für die Frucht des väterlichen (elterlichen) Lebens. Das heißt weiter, daß dem Vater die Frucht seines Lebens, das, was seine Zukunft ausmacht, wegzusterben droht. Eine falsche Kraft, ein böser Geist

zerrt an dem Jungen. Schon mehrfach stand die Frucht des Lebens vor der Vernichtung (»Feuer«) oder dem Untergang (»Wasser«).
* Es ist, so hört der Vater, eine Frage wirklichen Vertrauens. Kann er Gott tatsächlich etwas zutrauen und es damit *ihm* auch ein Stück weit über*lassen*, kann er sich wirklich in Gottes Hände fallen lassen? Dieses Können durch den Glauben (»alles kann, wer glaubt«) ist etwas, was Gott selbst im Menschen bewirkt, wenn dieser Mensch sich auf ihn einläßt.
In diesem Text geht es um die Hingabe, um das Überlassen, auch in bezug auf die Fruchtbarkeit des eigenen Lebens.
* Auch die Jünger müssen lernen, zu tun, was sie nicht aus *eigener* Kraft können. Nicht ihre eigene Kraft und ihre Macht steht im Mittelpunkt, sondern es soll die Kraft eines anderen, Gottes Kraft, durch sie hindurchströmen. Sie lernen auf diese Art, Gott tatsächlich etwas zuzutrauen. Darin liegt auch eine Erklärung dafür, daß es ihnen nicht gelingt, den bösen Geist zu vertreiben: Sie selbst sind noch unterwegs zu solch einer Hingabe.
* »Alles kann, wer glaubt« – das bedeutet keine grenzenlose Allmacht für Menschen mit viel Selbstvertrauen, sondern es sagt im Gegenteil etwas darüber, wie es ist, wenn man sich und seine Grenzen losläßt. Wer sich selbst loslassen kann, wer sich Gott überlassen kann, der durchbricht die Grenzen des eigenen Könnens, die Grenzen der Eigenmacht, er tritt ein in eine Freiheit, in der nichts mehr unmöglich ist.
* Sich so konkret hinzugeben an etwas, was man nicht sieht, sich Gottes Kraft wirklich zu überlassen, kann Angst erwecken. Solch ein Vertrauensakt gleicht einem Sprung in eine ungewisse Tiefe.
* Das Gebet, von dem Jesus am Schluß der Geschichte seinen Jüngern gegenüber spricht, steht im Gegen-

satz zu der Erregung und Streiterei am Anfang der Episode. Überhaupt reagiert Jesus recht ruhig und abgeklärt, kaum beeindruckt von dem dramatischen Auftritt, den der stumme(!) Geist vor seinen Augen mit dem Jungen inszeniert. Es ist, als ob er klarmachen will, daß im großen und geräuschvollen Auftreten, im Streit und in dem ganzen Drumherum nichts Heilsames zu finden ist. Das Heilende geschieht eher still, unsensationell im Innern.

Fragen für die Reflexion:

– Wo stoße ich in meinem Leben auf Grenzen?
– Wenn ich daran denke, mein Leben völlig in Gottes Hände zu legen – was fühle ich dann in mir?
– Kann ich mich auch einmal »loslassen«, mich jemandem »über-lassen«?
– Worin kann ich in meinem Leben oder im Leben anderer etwas von Gottes Kraft erkennen?
– Was sehe ich als die wesentliche »Frucht« oder den wesentlichen Auftrag in meinem Leben an?
– Gab es bei mir Momente, bei denen ich mich in etwas völlig Neues begeben habe, in denen ich mich selbst losgelassen habe und »gesprungen« bin? Was habe ich darin erfahren?

Rückblick auf das Thema:

Die letzte Reflexionsfrage berührt den Punkt, an dem wir jetzt stehen: den Absprung. Vielleicht reicht das Vertrauen, um sich in Gottes Arme fallen zu lassen, vielleicht ist eine Sehnsucht entbrannt, sich endlich einmal wirklich hingeben zu können und zu dürfen. Die »Dämonen«, die uns davon abhalten, sind sichtbar geworden und beim Namen genannt und damit in ihrer

Kraft gebannt. Verschwinden werden sie vielleicht nie ganz, sie suchen immer wieder nach Ansatzpunkten für eine erneute »Besetzung«. Aber es gibt einen Moment in der inneren Entwicklung, an dem man zu einer Grundsatzentscheidung findet, ob man sich auf Gott einläßt oder nicht. Diese Grundentscheidung muß in vielen kleineren und größeren Einzelentscheidungen weiterentwickelt und bekräftigt werden, aber die Tendenz bleibt: Ich will mich in meinem Leben auf Gott einlassen, ich will den Weg des Lebens, der Liebe gehen, in dem die unguten Kräfte mich nicht bestimmen.

Was folgt, wenn man sich – vielleicht auch nur mit einer hauchdünnen »Mehrheit« von 51 Prozent[3] – für einen neuen Lebensweg entschieden hat, wenn man frei ist, wenn man zumindest einen kleinen Spalt breit die Tür geöffnet hat, ist kein Leben mit großen Sprüngen oder immer gleich klaren Entscheidungen, sondern ist ein langsames Sich-Öffnen, vergleichbar dem Augenreiben nach dem Wachwerden. Das, was im Geist vollzogen ist, muß in Fleisch und Blut übergehen. Das geht nicht über gute Vorsätze oder gewaltige Disziplinleistungen, sondern – wiederum – eher empfangend, sich »über-*lassend*«. Für viele Menschen ist es einfacher, selbst etwas aktiv zu unternehmen als sich jemandem einfach zu überlassen, sie unternehmen lieber selbst etwas und handeln, als daß sie sich selbst berühren lassen. Das heißt nicht, daß man jetzt umschalten muß auf Passivität; im Gegenteil, das »Lassen« und »Empfangen«, worauf es jetzt ankommt, ist ein durch und durch innerlich aktiver Prozeß, den man aber nicht mehr völlig selbst in der Hand hat. Es gilt, die Angst vor dem Absprung durchzustehen, das Rettende muß erkannt und anerkannt werden, die eigenen Kräfte gebündelt und in eine positive, aufbauende Richtung gelenkt werden. Wenn man sich Gott wirklich überläßt, eröffnen sich ungeahnte Möglichkeiten.

Fünftes Thema:
Berühren und berührt werden

Kein Geist hat Fleisch und Knochen,
wie ihr es bei mir seht (Lk 24,39)

Das Leben und der Umgang mit Gott sind nie ein rein geistlicher Prozeß, sie sind immer auch ein leibliches und materielles Geschehen. Es gibt kein glaubwürdiges geistliches Engagement ohne ein handfestes materielles Engagement. Das Umgekehrte gilt auch: Geistloses Engagement ist dumpfe Knochenarbeit. Um diese Einheit von Leib und Seele, von Körper und Geist, genauer: um Berührungspunkte, geht es in den folgenden drei Texten: Was bedeutet es für Leib und Seele, Körper und Geist, wenn ich einen anderen berühre, wenn ich selbst von einem anderen wirklich berührt werde?

TEXT (13): EFFATA – ÖFFNE DICH! (MK 7, 32–37)

Da brachte man einen Taubstummen zu Jesus und bat ihn, er möge ihn berühren. Er nahm ihn beiseite, von der Menge weg, legte ihm die Finger in die Ohren und berührte dann die Zunge des Mannes mit Speichel; danach blickte er zum Himmel auf, seufzte und sagte zu dem Taubstummen: Effata!, das heißt: Öffne dich! Sogleich öffneten sich seine Ohren, seine Zunge wurde von ihrer Fessel befreit, und er konnte richtig reden. Jesus verbot ihnen, jemand davon zu erzählen. Doch je mehr er es ihnen verbot, desto mehr machten sie es bekannt. Außer sich vor Staunen sagten sie: Er hat alles gut gemacht; er macht, daß die Tauben hören und die Stummen sprechen.

Erläuterungen zum Text:

* Ein »Taubstummer« ist im täglichen Leben jemand, der nicht wirklich hören kann, an dem alles vorbeirauscht; vielleicht erreicht vieles sein Ohr, aber es dringt nicht ein, er kann es nicht hereinlassen, er kann nicht so zuhören, daß es etwas bei ihm bewirkt.
* Und er hat nichts zu sagen, er bringt nichts heraus – vielleicht auch deshalb, weil er nichts hört. Es ist eine Frage des Zugangs und des Aus-sich-heraus-Kommens. Vielleicht kann er durchaus viel reden, aber was er sagt, hat keinen Inhalt, es ist hohl, im Grunde sagt er nichts. So einer wird zu Jesus gebracht.
* Man *bringt* ihn zu Jesus, er selbst scheint eher unbeteiligt – auch hierin ist er taub und stumm: Es sind *die anderen*, die Jesus bitten, er möge ihn berühren. Nicht einmal da, wo es um ihn selbst geht, entscheidet er.
* Berühren – wörtlich steht im Text: die Hände auflegen. Es geht um eine heilende, Kraft übertragende Berührung. Er braucht Kraft zum Sprechen, zum Hören, zum Leben: Es muß endlich einmal etwas wirklich zu ihm durchdringen können, und er muß endlich äußern können, was in ihm umgeht.
* Jesus nimmt ihn beiseite, von der Menge weg. Was hier geschieht, bedarf also ganz nachdrücklich eines intimen Rahmens. Es gibt Dinge, die man einfach schützen muß vor dem Zugriff der »Menge«. Im Kern einer Beziehung, auch der Beziehung mit Gott, steht etwas, das nur den anderen (Gott) und mich etwas angeht; dazu hat kein Dritter Zugang. Dorthin führt ihn Jesus.
* »Menge« – das sind nicht nur andere Menschen. Es sind auch die vielen Stimmen und die (oft auch scheinbar vernünftigen) Störfaktoren, die die innere

Stille und Intimität brechen wollen. Manchmal ist man auch ein ganz klein wenig froh, daß es sie gibt, weil man sich dann nicht wirklich auf solch eine intime Beziehung einzulassen braucht. Auch hier also besteht die Neigung zur Flucht, gerade wenn das Rettende nahe ist.

* Es gibt in jedem Menschen unberührte Flecken, Gebiete, an die keiner so recht herankommen darf, die man selbst nur ungern oder mit Schwierigkeiten wahrnimmt oder ganz ausgeblendet hat, geschweige denn, daß man sie anderen offen zeigt. Wenn ein anderer sie erkennt und liebevoll berührt, werden sie geöffnet, zugänglich und frei gemacht. So wird Berührung lebenweckend.

* Berührung kann auch Angst hervorrufen: Angst davor, etwas weggenommen zu bekommen. Angst davor, selbst nicht mehr der »Boß« zu sein. Diese Angst ist nicht ganz unberechtigt: Wer sich wirklich berühren läßt, der teilt sich selbst mit, der gibt etwas von sich her – aber er bleibt auf diese Art nicht allein. Nur der Unberührte bleibt allein.

* »Effata – öffne dich!« Beim Berühren und Berühren-Lassen geht es darum, sich zu öffnen. Es geht nicht darum, sich zur Schau zu stellen, zu kokettieren, sondern sich aufzuschließen, etwas wegzunehmen bzw. wegnehmen zu lassen, das im Wege steht, so daß ein anderer dazukommen kann. Das gilt auch und gerade in bezug auf Gott.

* Die Öffnung auf Gott hin ist auf die Dauer aber nicht allein eine »seelische« Sache, sie durchdringt den ganzen Körper, geht unter die Haut. Manchmal kann man an Menschen sehen, spüren, erkennen, ob sie von Gott berührt sind und ob Gott wirklich zu ihnen »durchgedrungen« ist, von der Oberfläche ihrer Haut bis hin zu den tiefen Abgründen der Seele. Sie strahlen ihr Berührtsein aus. Manchem fällt es hingegen

leichter, Gott in den Tiefen seiner Seele zuzulassen, als sein ganz alltägliches Lebens von Gott berühren zu lassen.
* Es gibt auch Berührungen, zumal im sexuellen Bereich, die nicht öffnen, weil sie nicht aus wirklicher Liebe geschehen; das sind Berührungen, die regelrecht verschließen, verhärten, immunisieren. Nicht die Berührung an sich öffnet, sondern die Liebe, die sich darin überträgt.
* »Er konnte *richtig* reden«, heißt es von dem Taubstummen am Ende der Geschichte. Das Reden an sich ist anscheinend nicht gemeint. Gemeint ist, daß er etwas zu sagen hat. Sein Wort zählt, er teilt sich wirklich mit; er gibt sich hin in dem, was er sagt, weil ihn etwas wirklich berührt.
* Es gibt Dinge, über die man nicht einfach so erzählen darf, über die man nur *richtig* reden darf, da sonst ihr Wesen, das in der Intimität liegt, zerbrochen wird. Darum verbietet Jesus der Menge, von dem, was sie gesehen haben, zu reden. Wenn etwas Wesentliches geschieht, bedarf es der Stille – und es macht still.

Fragen für die Reflexion:

- »Taub-stumm«: Was heißt das für mich, wo erkenne ich das in meiner Umgebung wieder, wo erkenne ich es bei mir wieder?
- Vielleicht bin auch ich manchmal – oder auf einigen Gebieten – »taubstumm«. Wenn es möglich wäre, sich davon zu befreien bzw. befreit zu werden, was würde ich dann gerne hören bzw. sagen wollen? Wonach verlangt mein Herz?
- Jesus nimmt den Taubstummen beiseite, von der Menge weg. Gibt es in meinem Leben solche Momente, in denen Jesus (Gott) mich beiseite genommen hat?

- Wenn er mich jetzt, heute, beiseite nehmen würde, was würde ich dann gerne mit ihm bereden?
- Es ist gut, dies einmal innerlich nachzuvollziehen, d. h. die Punkte, wo es wehtut, nach und nach tatsächlich aufdecken zu lassen, berühren zu lassen. So entsteht eine echte, tiefe Beziehung, gleichsam Wunde auf Wunde.
- »Effata! Öffne dich!«: Das ist kein liebes Wort, sondern ein Befehl. An welchen Punkten müßte (»muß!«) ich mich öffnen, um wirklich weiterzukommen?
- An welchen Punkten müßten andere sich öffnen?
- Wo möchte ich mich öffnen lassen?
- Wo möchte ich selbst anderen helfen, sich zu öffnen?
- »...desto mehr machten sie es bekannt«. Was würde ich gerne (im positiven Sinne) bekannt machen?

Der zweite Text zu diesem Thema (Text 14) erzählt von einer Frau. Eine Frau, aus der das Leben wegfließt, ohne fruchtbar zu werden. Sie leidet an Blutungen, an Blutverlust. Blut ist ein Symbol für Leben, d. h., sie kann das Leben nicht festhalten, nicht beschützen und bis zur Geburt schützend in sich tragen. Während ihrer Periode galt eine Frau als unrein. Es war im Gesetz ausdrücklich verboten, geschlechtlich mit ihr zu verkehren. So bleibt ihr Leben unfruchtbar; was von ihr ausgeht, ist nicht kontaktfähig, nicht lebensfähig.

Im Gegensatz dazu steht die Ausstrahlung Jesu, an dem sie förmlich spürt, daß von ihm Leben ausgeht. Es würde ihr reichen, den Saum seines Mantels zu berühren, um etwas von seiner Kraft aufzusaugen und damit Leben zu bewahren, die Blutungen zum Stillstand zu bringen.

Text (14): In Kontakt kommen (Mk 5, 24–34)

Viele Menschen folgten Jesus und drängten sich um ihn. Darunter war eine Frau, die schon zwölf Jahre an Blutungen litt. Sie war von vielen Ärzten behandelt worden und hatte dabei sehr zu leiden; ihr ganzes Vermögen hatte sie ausgegeben, aber es hatte ihr nichts genutzt, sondern ihr Zustand war immer schlimmer geworden. Sie hatte von Jesus gehört. Nun drängte sie sich in der Menge von hinten an ihn heran und berührte sein Gewand. Denn sie sagte sich: Wenn ich auch nur sein Gewand berühre, werde ich geheilt. Sofort hörte die Blutung auf, und sie spürte deutlich, daß sie von ihrem Leiden geheilt was. Im selben Augenblick fühlte Jesus, daß eine Kraft von ihm ausströmte, und er wandte sich in dem Gedränge um und fragte: Wer hat mein Gewand berührt? Seine Jünger sagten zu ihm: Du siehst doch, wie sich die Leute um dich drängen, und da fragst du: Wer hat mich berührt? Er blickte umher, um zu sehen, wer es getan hatte. Da kam die Frau, zitternd vor Furcht, weil sie wußte, was mit ihr geschehen war; sie fiel vor ihm nieder und sagte ihm die ganze Wahrheit. Er aber sagte zu ihr: Meine Tochter, dein Glaube hat dir geholfen. Geh in Frieden! Du sollst von deinem Leiden geheilt sein.

Erläuterungen zum Text:

* Es herrscht Gedränge (im Paralleltext bei Lukas steht wörtlich: »Die Menschen erdrückten ihn beinahe.«). Es ist kein Platz da, die Luft wird etwas stickig. Jeder will etwas von Jesus, sie rücken ihm auf den Pelz. Jede Menge Ansprüche, Blicke, die aufsaugen, Hände, die greifen.
* »Gedränge« kann auch bedeuten: Alles, was noch getan werden muß, der Druck von außen, aber auch die

vielen Wünsche, die kleinen und großen Verlangen, die so sehr im Vordergrund stehen, daß man gar nicht mehr merkt, um was es im Leben wesentlich geht.
* Etwas von einem wollen und wirklich etwas mit einem zu tun haben wollen, ihn *berühren* – das ist beileibe (!) nicht dasselbe.
* Mitten im Gedränge all derer, die auch etwas von Jesus wollen, gibt es eine Frau, die schon zwölf Jahre an Blutungen leidet. Zwölf Jahre – im jüdischen Denken ist Zwölf die Zahl der Vollheit (vgl. die zwölf Stämme Israels). Das bedeutet: Sie hat schon einen endlos langen Weg hinter sich, sie ist schon durch ganz Israel – »von Pontius zu Pilatus«, wie man so schön sagt – gelaufen, hat gleichsam jede Arztpraxis von innen gesehen und alles, was sie vermag (ihr »Ver-mögen«), dabei ausgegeben – auch das ist weggeflossen.
* Sie hat alles Menschenmögliche versucht, aber das, was Menschen können, hat nicht geholfen. Sie hat es mit eigener Kraft und Einsicht, mit Hilfe anderer und mit großem Aufwand versucht, aber im Grunde ist es nie besser, sondern immer nur schlimmer geworden. Sie braucht etwas, wodurch die Grenze des Menschenmöglichen überschritten wird. Einmal im Leben will sie wirklich weiterkommen.
* Sie drängt sich in der Menge von hinten an Jesus heran. Sie geht nicht direkt auf ihn zu, sondern bleibt verborgen im Schutz anderer, der »Menge«. Sie will nur ganz still in einer Ecke etwas für sich tun, etwas von seiner Ausstrahlung auffangen und mitnehmen.
* Es würde ja schon reichen, wenn sie ihn nur äußerlich, d.h. an seinem Mantel berühren könnte. Auch der »Mantel« hat in Israel eine lange Bedeutungstradition. Man assoziiert damit den Prophetenmantel, den der Prophet Elia seinem auserwählten Nachfolger Elisa überwirft. Man denkt z.B. auch an das besondere Gewand Josefs.

Jesu Gewand berühren heißt eigentlich: ihn in dem berühren, was seine Berufung ist, in seiner gottgegebenen Kraft. Das ist nicht eine Berührung einfach so im Vorbeigehen, auch wenn die Frau es gerne so darstellen möchte – aber sie spürt, was wirklich los ist... und Jesus auch.
* Sie hat Kontakt, zum ersten Mal richtigen Kontakt, und sie merkt sofort: Jetzt hat sich wirklich etwas in mir verändert. Hier ist tatsächlich etwas geschehen, das seine Auswirkungen haben wird.
* Auch Jesus spürt das. Es ist, als ob diese zwei sich mitten im Gedränge auf einer völlig anderen Ebene bewegten; sie sehen und spüren, was »*wirk*-lich« ist, was *wirkt*. Jesus fühlt: Hier hat mich jemand *berührt*, nicht einfach nur nach mir gegriffen. Er ist greifbar – aber nur wenige wollen ihn so berühren, daß dieser Kontakt Auswirkungen auf ihr Leben hat, daß sie tatsächlich etwas mit ihm zu tun haben.
* Den Jüngern ist genau das entgangen. Sie haben gar nicht gemerkt, daß mitten in dem Gedränge etwas Wichtiges, Heilendes geschehen ist, daß mitten in dem, was sich aufdrängt, aber im Grunde an allem vorbeiläuft, was wesentlich ist, daß mitten in all dem, was einen bedrängt und »fast echt« ist, jemand mit Jesus wirklich in Kontakt gekommen ist.
* Jesus dreht sich um: Hier muß *er* sich umkehren, hier muß *er* zuhören, zusehen, was geschehen ist. Eine Kraft ist von ihm ausgegangen – aber wer hat sie empfangen? Wer ist es, der da so plötzlich auf einer Wellenlänge mit ihm verkehrt? Gibt es denn in dieser Menge jemanden, der wirklich etwas von dem begreift, was er will, wer er ist?
* Ja, da ist sie, und sie weiß es. Der Kontakt soll ein echter Kontakt werden, nicht nur so einer von hinten im Gedränge, ohne sich in die Augen zu sehen. Jesus hat sich umgewandt, er will sie sehen.

* Sie ist völlig erschüttert, ergriffen, berührt: Sie sagt ihm »die ganze Wahrheit«. Wenn einen wirklich etwas berührt, dann kommt die ganze Wahrheit auf den Tisch, da wird nicht nur ein Teilgebiet berührt, sondern es geht den ganzen Menschen an. Und so sagt Jesus zu ihr: Du bist *ganz* genesen, du, »meine Tochter«. Dir hat es geholfen, daß du an mich geglaubt hast, daß du mir vertraut hast. Geh in Frieden, du *sollst* auch tatsächlich von deinem Leiden erlöst sein, du hast deine Chance genutzt. So ist es gut.
* Sie – seine Tochter! Sie selbst, die Unfruchtbare, ist in sein Leben eingetreten, in ihr setzt sich sein Leben fort. Ab jetzt gehört sie zur Familie!

Fragen für die Reflexion:

– Was hat mich im Text getroffen und warum? Was ist der Bezug zu meinem Leben? Was sagt mir der Text dazu?
– »Jeder will was von mir«, die Menschen (Dinge, Ansprüche, Wünsche) drängen sich manchmal auf. Aber etwas von einem wollen und wirklich etwas mit einem zu tun haben wollen, das ist nicht dasselbe: Erkenne ich das in meinem Leben wieder?
– Mit wem oder was will ich in meinem Leben wirklich in Kontakt kommen, so daß dieser Kontakt Auswirkungen auf mein Leben hat?
– Die Frau hat in einer für sie wichtigen Situation schon alles tausendfach versucht, trotzdem hat es nichts geholfen. Ist das in meinem Leben auch der Fall (gewesen)?
– »Meine Tochter«: Wessen Tochter bzw. Sohn bin ich eigentlich, wem gehöre ich in meinem Herzen an?

Text (15): Ungreifbar – zum Berühren nahe
(Joh 20, 24–29)

Noch ein dritter Text zum Thema »Berühren und berührt werden«. Augenscheinlich handelt es sich nicht um eine Heilungsgeschichte, wohl aber zeugt dieser Text von einer einschneidenden Veränderung, in der es ganz besonders um das leibliche Erfahren des Evangeliums geht. Es ist eine sehr bekannte Geschichte, in der Thomas die Hauptrolle spielt. Thomas will es selber wissen. All das Gerede von den anderen über Auferstehung – ach was: Wenn es einen Gott gibt, wenn er Jesus wirklich zu neuem Leben hat auferstehen lassen, dann muß es auch begreiflich sein, dann muß auch der nüchterne Verstand etwas damit anfangen können. Thomas will alles »be-*greifen*« – aber Begreifen ist nicht alles.

Thomas, genannt Didymus (Zwilling), einer der Zwölf, war nicht bei ihnen, als Jesus kam. Die anderen Jünger sagten zu ihm: Wir haben den Herrn gesehen. Er entgegnete ihnen: Wenn ich nicht die Male der Nägel an seinen Händen sehe und wenn ich meinen Finger nicht in die Male der Nägel und meine Hand nicht in seine Seite lege, glaube ich nicht.
Acht Tage darauf waren seine Jünger wieder versammelt, und Thomas war dabei. Die Türen waren verschlossen. Da kam Jesus, trat in ihre Mitte und sagte: Friede sei mit euch! Dann sagte er zu Thomas: Streck deinen Finger aus – hier sind meine Hände! Streck deine Hand aus und leg sie in meine Seite, und sei nicht ungläubig, sondern gläubig! Thomas antwortete ihm: Mein Herr und mein Gott! Jesus sagte zu ihm: Weil du mich gesehen hast, glaubst du. Selig sind, die nicht sehen und doch glauben.

Erläuterungen zum Text:

* Thomas ist nicht dabei gewesen, ihn geht das Ganze noch gar nichts an. Er hat nichts gesehen, *er* nicht!
* Eine Erfahrung der Art wie die, um die es hier geht, eine Erfahrung der Anwesenheit Gottes, bedarf der eigenen Bejahung. Man kann etwas Bedeutsames, was man mitmacht, lange leugnen, man kann es vor sich herschieben und immer wieder in Frage stellen. Nicht dabeigewesen sein, wie Thomas, kann auch bedeuten, daß man etwas, was man erlebt hat, (noch) nicht wirklich hereingelassen, zugelassen und ernst genommen hat; es ist noch nicht zu einer Erfahrung mit Konsequenzen geworden.
* Thomas, genannt Zwilling – das wird ausdrücklich erwähnt. Er bleibt wohl immer etwas ambivalent in seinen Entscheidungen, bei ihm weiß man nie, ob man ganz hundertprozentig sicher sein kann. Er ist nie ganz und gar auf etwas festzulegen, sondern hält sich immer noch ein Hintertürchen offen.
* Thomas will tasten, fühlen; er will das, was er glaubt, direkt auf der Haut spüren; er braucht Körperkontakt, er will die wunden Stellen berühren. Aber er hat noch nicht erkannt, daß das Wesentliche in einer Beziehung ungreifbar bleibt, daß auch ein Erkennen (»sehen«) des anderen noch der vertrauensvollen Bejahung – des Glaubens – bedarf.
* Acht Tage später ist er mit von der Partie. Die Türen sind wieder verschlossen: Noch immer ist keiner so recht zugänglich, noch immer überwiegt der Rückzug, die Trauer über den, den sie verloren glauben, die Trauer über den Abschied von ihren Träumen und Lebensentwürfen. Krisenzeit, Regression, Verletztsein: die Türen sind geschlossen.
* Mitten in dieser Situation erscheint Jesus. Es ist kein Spuk, sondern er ist auf einmal da, anwesend mitten

unter ihnen, spürbar, sichtbar für den, der mit dem Herzen sieht.
* Friede sei mit euch: Habt keine Angst, es ist gut so. Laßt den Kopf nicht hängen, habt Vertrauen, ich lebe.
* Auch Thomas kann sich dem nicht entziehen. Er ist dabei, er hat den kleinen Finger gegeben – und erhält die ganze Hand. Er streckt seine Hand aus – und darf Jesus im Herzen berühren.
* Sei nicht ungläubig, vertraue endlich! Nur im Vertrauen hast du wirklich Zugang zu dem, um was es geht. Was muß denn noch alles geschehen, bis du dich mir anvertraust?
* Thomas gibt sich endlich »gewonnen«, er hat Jesus selbst berührt! Das war ein langer Weg, voll Zweifel und Verwirrung. Jetzt glaubt er »leib-haftig«.
* Das griechische Wort für »gläubig«, das hier verwendet wird, kann auch »glaubwürdig«, »vertrauenswürdig« bedeuten. Man könnte sagen, es geht nicht nur darum, daß Thomas lernt, Jesus zu vertrauen, sondern es geht auch um seine eigene Glaubwürdigkeit: Er, der ewige Zwilling, wird in dieser Geschichte zu einem Mann aus einem Guß. Man kann ihm vertrauen, sein zerstörerischer Zweifel ist überwunden.

Fragen für die Reflexion:

– Ist irgendeine Verwandtschaft zwischen Thomas, mir selbst und/oder anderen Menschen in meiner Umgebung erkennbar?
– Thomas war nicht dabei – dies sagt auch etwas von seiner Furcht, sich zu bekennen. Gibt es auch bei mir Dinge, wozu ich mich nur schwierig oder lieber gar nicht bekenne, wo ich nicht »dabei bin«, obwohl ich spüre, daß mehr dahintersteckt?
– Welche meiner Beziehungen, die mir wichtig sind, würde sich positiv weiterentwickeln, wenn ich mehr

zu ihr stünde?
- Was bedeutet es für Jesus, daß jemand so reagiert wie Thomas? Was bedeutet es für die Zukunft seiner Zeugen (Jünger), wenn Menschen ihnen gegenüber so reagieren wie Thomas?
- Wem oder was kann (könnte) ich mich anvertrauen?

Rückblick auf das Thema:

Berührung – ein im wahrsten Sinne ergreifendes Thema. Immer wieder geht es um echten Kontakt, um ein Sich-Öffnen, um ein vertrauensvolles Sich-Einlassen auf Gott, auf Jesus Christus, der das Gesicht, die sichtbare Seite dieses Gottes ist. Der Kontakt mit ihm ist nicht nur geistig, sondern auch körperlich. Es gibt im Leben keinen vom Körper losgelösten Geist, Geist ist immer leiblich – Leib ist immer geistig. Das entscheidende Wort dafür, daß Körper und Geist einander in Liebe berühren, ist *Zärtlichkeit*. Die Zärtlichkeit ist ganz beim andern, sie ist Hingabe und Empfangen ebenso wie Sich-Einlassen. Sie ergreift nicht Besitz; sie ist im Geiste ebenso erfüllend wie im Leib. Sie entsteht spontan, und zugleich muß sie immer wieder neu erlernt werden.

Die drei Texte zu diesem Thema sind das Kernstück, das Herz aller sieben Themen. In ihnen wird erfahrbar, wie leibhaftig der Umgang mit Gott ist bzw. sein kann. Das Rühren an dieser Erfahrung – das Berühren – soll nicht erschrecken, es soll zu neuem Leben wecken, es soll einen Neubeginn möglich machen, es soll Achtung und freundschaftlichen Respekt einflößen vor sich selbst, vor dem andern, vor Gott. Ein altes (und oft mißverstandenes) Wort dafür ist *Ehrfurcht*. Das hat mit Furcht gar nichts zu tun, es meint liebevolle Zurückhaltung und gleichzeitig volle Hingabe. Ehrfurcht ist die Geisteshaltung der Zärtlichkeit, Zärtlichkeit ist leibliche Ehrfurcht.

Die höchste Ausdrucksform der Zärtlichkeit und der Ehrfurcht im Umgang von uns Menschen mit Gott ist die *Liturgie*. Auch in ihr sind Körper und Geist vereint, kommt Gottes Liebe zu uns Menschen in Berührung mit der menschlichen Liebe zu Gott. Genauso wie die Zärtlichkeit kann auch die Liturgie verflachen und erstarren – und damit nach und nach aufhören zu existieren. Dann bedarf es der erneuten »Berührung« aus Liebe, um sie auferstehen zu lassen.

In den nächsten Texten wird die Thematik der Ganzheit des Menschen weitergeführt. Der Mensch als ganzer soll sich aufrichten, soll zu neuem Leben finden können, nicht nur in seinen herausragenden Fähigkeiten oder auf Teilgebieten seines Lebens. Hierin spielt die Genesung von Verwundungen und das Geradebeugen dessen, was krumm gewachsen ist, eine wichtige Rolle. Im Laufe eines Menschenlebens entstehen Verwundungen, es wachsen unweigerlich Dinge schief. Nicht das Schiefe und Krumme und die Fehler jedoch sind entscheidend, sondern die Art und Weise, wie ein Mensch damit umgeht, ob er auch noch seine Schwächen und Fehler, seine »Schatten«, in Liebe integrieren kann, um damit Dinge zu vollbringen, die er ohne diese Schwächen und Fehler niemals hätte vollbringen können.

Sechstes Thema:
Mensch sein, ganz und gar

Glaube ist nicht sosehr ein moralischer Anspruch, sondern vielmehr eine Einladung: eine Einladung, ganz Mensch zu sein, als Frau und als Mann: Das, was weiblich ist, soll nicht unterdrückt werden, sondern es soll aufrecht da sein können; das, was männlich ist, soll zu Kräften kommen und nicht in feige Macht umschlagen. Nur so können Menschen ganze Menschen sein, nur so können sie aus allem herausgerufen werden, was sie am Leben hindert, und können sie frei werden von Bindungen, die nur fesseln, aber nicht verbinden. Das ist, in wenigen Worten zusammengefaßt, was uns die Texte zu diesem Thema nahebringen wollen. Wenn wir hier von »Frau« und »Mann« bzw. von »weiblichen« bzw. von »männlichen« Kräften sprechen, dann will dies im übrigen nichts über die Rolle sagen, die einem Menschen im gesellschaftlichen Leben geschlechtsspezifisch zugeordnet wird.
Manchmal trifft man Leute, denen man direkt ansieht, was ihnen fehlt. Man kann einen Blick dafür bekommen. Ihre Seele kann sich nicht mehr verstecken, sie kommt in ihrem ganzen Erscheinungsbild, leiblich, zum Ausdruck. Menschen, die viel ertragen müssen, laufen oft umher, als ob sie tatsächlich eine Last auf ihren Schultern trügen. Andere vergraben in stillen Momenten ihr Gesicht in ihren Händen, weil sie sich schämen oder irgend etwas nicht klar in den Blick bekommen. Andere wühlen sich mit den Händen durch ihre Haare, weil sie in etwas drinstecken, aus dem sie nicht einfach herauskommen: Man möchte sich gleichsam am eigenen Schopf herausziehen, aber das geht nicht. Wiederum andere haben ihr wahres Gesicht so hinter

ihrer Freundlichkeit oder ihren Problemen oder ihrem Ärger versteckt, daß man es gar nicht mehr erkennen kann: Sie haben kein eigenes Gesicht mehr.
Die Frau im folgenden Text leidet weithin sichtbar Mangel: Ihr Rückgrat ist gekrümmt, sie kann nicht mehr aufrecht gehen. Man muß es vielleicht einmal tatsächlich körperlich fühlen, was das für einen Menschen bedeuten kann: Versuchen Sie einmal, ein paar Minuten so umherzugehen, und alles, was sonst auf gleicher Höhe ist, von unten zu betrachten, die Verspannung in den Muskeln wahrzunehmen, den Schmerz in der Wirbelsäule.
So ergeht es dieser Frau. Sie befindet sich in demselben Raum wie Jesus, und sie hört ihn, während er unterrichtet.

Text (16): Aufrecht gehen (Lk 13, 10–13)

Am Sabbat lehrte Jesus in einer Synagoge. Dort saß eine Frau, die seit achtzehn Jahren krank war, weil sie von einem Dämon geplagt wurde; ihr Rücken war verkrümmt, und sie konnte nicht mehr aufrecht gehen. Als Jesus sie sah, rief er sie zu sich und sagte: Frau, du bist von deinem Leiden erlöst. Und er legte ihr die Hände auf. Im gleichen Augenblick richtete sie sich auf und pries Gott.

Erläuterungen zum Text:

* Wer weiß, was diese Frau gekrümmt oder gedemütigt hat, wer oder was ihr die Kraft des geraden Rückgrats genommen hat. Sie jedenfalls kann nicht mehr aufrecht gehen, sie kann sich nicht mehr aufrichten. Die andauernde Krümmung beengt den Brustraum, nimmt ihr den Atem.

* Alles betrachtet sie von unten, aus der »underdog«-Position heraus, aus der Haltung des Verlierers. Sie ist kein Partner, sie ist nie wirklich gleichwertig. Vor allem: Sie erscheint kleiner, als sie in Wirklichkeit ist. Irgendein falscher Geist in ihr hält sie krumm, läßt sie nicht nach oben kommen.
* Achtzehn Jahre – warum gerade achtzehn? Hätte es nicht genügt zu sagen: lange Jahre oder viele Jahre – nein, es wird genau beziffert, achtzehn Jahre. Aus dem Kontext, in dem diese Geschichte steht, wird ersichtlich, was damit gemeint ist. Achtzehn, das ist dreimal sechs – drei steht für die Fülle, die volle Zeit; sechs ist die Zahl der Schöpfungs- und der Arbeitstage. Hier aber fehlt der Sabbat, der siebte Tag. Diese Frau hat also im Grunde immer nur gearbeitet, sie hat immer nur unter Druck gestanden. Sie kennt keinen Sabbat, für sie gibt es keinen Tag, der gut für sie wäre.
* »Als Jesus sie sah, rief er sie zu sich und sagte: Frau, du bist von deinem Leiden erlöst.« Ganz kurz, nüchtern wie eine einfache Feststellung. Nichts Dramatisches, keine großartige Analyse, keine wilden, schreienden Dämonen, nichts von alledem.
* Trotzdem – hier passiert ungeheuer viel, auch wenn es in der Knappheit der Formulierung kaum mehr sichtbar wird. Diese Frau wird von Jesus gerufen und darin wird ihr angesagt, daß sie von ihrem Leiden erlöst sei. Drei Elemente stecken in diesem Rufen Jesu:
- Jesus *ruft* sie. Das klingt ebenso kurz und knapp wie bei der Berufung der ersten Jünger, die alles hinter sich lassen, um ihm zu folgen. Es ist nicht einfach so ein Ruf, sondern etwas, was das Leben einschneidend verändert.
- Er ruft *sie*, eine Frau – ganz ungewöhnlich in jener Zeit, in der an sich nur Männer etwas einzubringen haben.

- Jesus ruft sie *zu sich*, von ihrem Platz weg, fort von dem Ort, wo sie sich befindet: Du gehörst zu mir. Punkt.
* »Und er legte ihr die Hände auf.« Hände, die sich auf einen legen, Hände, die auf einem ruhen, drücken etwas aus: Du bist gemeint, du und niemand anderes! Es ist *Gottes* Wille, daß du aufrecht durchs Leben gehst. Du sollst mehr sein als ein verkrümmtes, niederes Lebewesen, du sollst Mensch sein. Auf dir ruht Gottes Hand.
* »Im gleichen Augenblick richtete sie sich auf...«
Nicht *er* richtet sie auf, *sie* richtet *sich* auf. Sie selbst hat die Kraft, an die Zusage zu glauben. Für sie ist endlich Sabbat: Sie darf Gott preisen. Gottes Ruhm ist der lebende Mensch!

Fragen für die Reflexion:

- Gibt es in/bei mir Dinge oder Situationen, unter denen ich gebückt gehe? Was wird darin unterdrückt?
- Gibt es Dinge in mir selbst, die ich lieber unterdrücke?
- Was heißt dann in diesem Zusammenhang »aufrecht gehen«?
- Was müßte geschehen, damit ich »von meinem Leiden erlöst« wäre?
- Das Auflegen der Hände ist (u.a.) ein Zeichen der Kraftübertragung. Aus welcher Kraft könnte ich mich aufrichten?

Text (17): Sich zum Leben entschliessen
(Mk 3, 1–6)

Wie im vorigen Text geht es auch hier wieder um die Hand; diesmal ist es die Hand eines Mannes. Das griechische Wort bedeutet nicht nur »Hand«, sondern auch »Arm«. Die Hand ist das Symbol für (Tat-)Kraft. Im Paralleltext zu der folgenden Perikope aus dem Markusevangelium spricht Lukas sogar ausdrücklich von der *rechten* Hand (Lk 6, 6–11). Die Hand dieses Mannes ist verschrumpelt, sie ist nicht einsatzfähig. Dieser Mann hat keine Kraft[4], die Hand, die er ausstrecken, »geben« soll, die den Kontakt zu anderen Menschen herstellt, ist nicht richtig geformt. Sie ist verdorrt, ausgetrocknet: Es ist kein Leben mehr in ihr, sie ist abgestorben. Dieser Mann ist – symbolisch betrachtet – kein Mann mehr, er ist geschwächt, passiv, er kann nichts tun, seine »männlichen« Kräfte kommen nicht zum Zuge. Er kann nicht *agieren*, d.h. selbständig, aktiv handeln, sondern nur *re*-agieren, d.h. erst auf die Taten und Impulse anderer hin etwas tun, er hat selbst keinen Handlungsplan, er ist beeinflußbar, steuerbar.
Aber das Männliche (auch in der Frau) darf nicht verdorren, ebensowenig wie das Weibliche (auch im Mann) gekrümmt und unterdrückt werden darf.

Als Jesus ein andermal in eine Synagoge ging, saß dort ein Mann, dessen Hand verdorrt war. Und sie gaben acht, ob Jesus ihn am Sabbat heilen werde; sie suchten nämlich einen Grund zur Anklage gegen ihn. Da sagte er zu dem Mann mit der verdorrten Hand: Steh auf und stell dich in die Mitte! Und zu den anderen sagte er: Was ist am Sabbat erlaubt: Gutes zu tun oder Böses, ein Leben zu retten oder es zu vernichten? Sie aber schwiegen. Und er sah sie der Reihe nach an, voll Zorn und Trauer über ihr verstocktes Herz, und sagte zu dem

Mann: Streck deine Hand aus! Er streckte sie aus, und seine Hand war wieder gesund. Da gingen die Pharisäer hinaus und faßten zusammen mit den Anhängern des Herodes den Beschluß, Jesus umzubringen.

Erläuterungen zum Text:

* »Steh auf, stell dich in die Mitte!« Man muß sich einmal bewußt machen, was hier eigentlich passiert: Ein *schwacher* Mann wird in den Mittelpunkt gerückt. Nicht der Macho oder Super- oder Dressman, den uns die Werbung ins Wohnzimmer flimmert, sondern die oft so ganz andere Realität, ein Mann in seiner Schwäche, in seinem Unvermögen. Das ist nicht unbedingt etwas, womit »man(n)« im Mittelpunkt stehen möchte.
* Rundherum stehen die Pharisäer. Sie wollen mit aller Macht(!) verhindern, daß es zu einer wirklich lebensverändernden Begegnung kommt; sie wollen verhindern, daß sich überhaupt etwas ändert. Sie wollen lieber, daß die schwache Realität verdeckt bleibt. Alles soll übersichtlich und geregelt bleiben: »Kein Handlungsbedarf«. Solche »Pharisäer« leben auch in uns selber. Die feigen, beharrenden Kräfte, die auf Kosten eines vollen Lebens gehen.
* Jesus schaut sie an, einen nach dem anderen. Er ist wütend und traurig zugleich über so viel brachliegendes, verpaßtes Leben; über ihre Verstocktheit, darüber daß sie lebendig tot sind und durch ihre Gesetzesstarre andere ihrer Lebensmöglichkeiten berauben.
* Was den Mann mit der verdorrten Hand betrifft: Wieviel Angst hat ein Mann, ein Mensch davor, zu leben?! Lieber ist man halb tot, als daß man sich wirklich aufmacht, voll und ganz zu leben, ohne permanente Rückendeckung. Doch ganz tief im Herzen nagt die Sehnsucht nach »Mehr« im Leben weiter...

* Es bedarf eines Entschlusses, einer »männlichen« Entscheidung, um wirklich und nicht nur scheinbar zu leben. Streck deine Hand aus! Heute würden wir vielleicht sagen: Nimm die Hände aus der Tasche und »steh deinen Mann«. Auch wenn du schwach bist, ausgedorrt, du wirst sehen: Es geht, deine »Hand« ist geheilt.
* Auch die Pharisäer fassen einen Entschluß, sie sind fest entschlossen, sie schließen sich gar mit anderen Kräften zusammen – um Leben zu töten.
Darin liegt eine wichtige Unterscheidung: Führt das, wozu ich mich entscheide, im Endeffekt zum Leben oder zum Tod?
* Wer einen klaren Entschluß faßt, wird merken, daß auch die Gegenkräfte sich formieren. Gegenkräfte aber sind kein Grund, sich einschüchtern zu lassen – im Gegenteil: Sie können ein Zeichen dafür sein, daß tatsächlich etwas Gutes entsteht.
* Einerseits liegt die Initiative bei Gott, andererseits gilt: Wenn wir Gott nicht selbst etwas zum Segnen vorhalten, was soll er dann segnen?

Fragen für die Reflexion:

– Eine Hand »gibt« man, man hat einen »starken Arm«. Es sind die »männlichen«, die »gebenden« Kräfte, die hier angesprochen werden. Verdorrte Kraft auf der einen Seite – pervertierte Kraft (= Macht, Gewalt) auf der anderen Seite. Erkenne ich dieses Kräftespiel in mir selbst und/oder in meiner Umgebung wieder? Gibt es einen Zusammenhang zwischen verdorrter Kraft und mächtiger Gewalt?
– Was sind für mich/in meinem Leben positive »männliche« Kräfte? Was könnte auf diesem Hintergrund der Befehl »Streck deine Hand aus« für *mich* bedeuten?

– Am Ende der Erläuterungen war die Rede von einem festen Entschluß – im Gegensatz zum Beschluß der Pharisäer, Jesus zu töten. Das eine führt zum Leben, das andere zum Tod. Gibt es (gab es) für mich schon einmal Augenblicke solcher Entschiedenheit (»fester Entschluß«)? Wo tut jetzt eine solche Entschiedenheit in meinem Leben not (»entschieden leben«)?

TEXT (18): KOMM HERAUS – LÖSE DICH!
(JOH 11, 1–5.17.32–44)

Der dritte Text zum Thema »Mensch sein, ganz und gar« sagt etwas aus über verkehrte Bindungen. Bindungen sind nötig, aber sie können auch so sein, daß sie ein freies Leben nicht fördern, sondern verhindern. Es geht um einen Freund Jesu, Lazarus, dessen Dasein dermaßen verwickelt ist in alle möglichen fürsorglichen und familiären Bindungen, daß er darin regelrecht begraben ist.
(Wäre die gesamte Geschichte der Auferweckung des Lazarus, nicht so umfangreich, hätte ich sie hier gerne aufgenommen. Die Länge des Textes und die Vielzahl der Aspekte würden jedoch den Rahmen dieses Buches sprengen. Daher die Beschränkung auf einige Auszüge. Es lohnt sich jedoch, bei Gelegenheit einmal den Gesamttext, Joh 11, 1–44, in der Bibel nachzulesen.)

Ein Mann war krank, Lazarus aus Betanien, dem Dorf, in dem Maria und ihre Schwester Marta wohnten. Maria ist die, die den Herrn mit Öl gesalbt und seine Füße mit ihrem Haar abgetrocknet hat; deren Bruder Lazarus war krank. Daher sandten die Schwestern Jesus die Nachricht: Herr, dein Freund ist krank. Als Jesus das hörte, sagte er: Diese Krankheit wird nicht zum Tod führen, sondern dient der Verherrlichung Gottes:

Durch sie soll der Sohn Gottes verherrlicht werden. Denn Jesus liebte Marta, ihre Schwester und Lazarus. Als Jesus ankam, fand er Lazarus schon vier Tage im Grab liegen. Als Maria dorthin kam, wo Jesus war, und ihn sah, fiel sie ihm zu Füßen und sagte zu ihm: Herr, wärst du hier gewesen, dann wäre mein Bruder nicht gestorben. Als Jesus sah, wie sie weinte und wie auch die Juden weinten, die mit ihr gekommen waren, war er im Innersten erregt und erschüttert. Er sagte: Wo habt ihr ihn bestattet? Sie antworteten ihm: Herr, komm und sieh! Da weinte Jesus. Die Juden sagten: Seht, wie lieb er ihn hatte! Einige aber sagten: Wenn er dem Blinden die Augen geöffnet hat, hätte er dann nicht auch verhindern können, daß dieser hier starb? Da wurde Jesus wiederum innerlich erregt, und er ging zum Grab. Es war eine Höhle, die mit einem Stein verschlossen war.

Jesus sagte: Nehmt den Stein weg! Marta, die Schwester des Verstorbenen, entgegnete ihm: Herr, er riecht aber schon, denn es ist bereits der vierte Tag. Jesus sagte zu ihr: Habe ich dir nicht gesagt: Wenn du glaubst, wirst du die Herrlichkeit Gottes sehen? Da nahmen sie den Stein weg. Jesus aber erhob seine Augen und sprach: Vater, ich danke dir, daß du mich erhört hast. Ich wußte, daß du mich immer erhörst; aber wegen der Menge, die um mich herum steht, habe ich es gesagt; denn sie sollen glauben, daß du mich gesandt hast. Nachdem er dies gesagt hatte, rief er mit lauter Stimme: Lazarus, komm heraus! Da kam der Verstorbene heraus; seine Füße und Hände waren mit Binden umwickelt, und sein Gesicht war mit einem Schweißtuch verhüllt. Jesus sagte zu ihnen: Löst ihm die Binden und laßt ihn weggehen!

Erläuterungen zum Text:

* »Herr, dein Freund ist krank«. Lazarus ist nicht irgendwer, er steht, ebenso wie Marta und Maria, Jesus sehr nahe. »Jesus liebte Marta, ihre Schwester und Lazarus.«
* Lazarus ist krank und kurze Zeit später bereits tot. Anscheinend ändert dies nichts an dem, was Jesus auf die Nachricht von der Krankheit seines Freundes Lazarus hin gesagt hatte: »Diese Krankheit wird nicht zum Tode führen, sondern dient der Verherrlichung Gottes.« Anscheinend liegt das, was Jesus anpeilt, auf einer anderen, einer tieferen Ebene.
* Jemanden verherrlichen oder in seiner Herrlichkeit sehen heißt: zeigen (bzw. sehen), wie jemand in Gottes Licht gemeint ist, wer jemand in seinem göttlichen Wesenskern ist. Der Verherrlichung Gottes dienen bedeutet dann soviel wie: Hieran wird sich zeigen, wer Gott wirklich ist.
* Lazarus ist tot. Man kann es sehen, man kann es förmlich riechen. Dies ist auch oft im übertragenen Sinne der Fall: Es gibt Menschen, die sind innerlich so leblos (obwohl sie augenscheinlich leben), daß von ihnen eine Art Verwesungsgeruch ausgeht: Man riecht es förmlich in ihrem Umkreis, an allem klebt der Geruch des Todes, nirgends findet man offene Heiterkeit und Gelassenheit. Solche Menschen leben wie in einer Grabhöhle.
* Es dauert sehr, sehr lange, bis Jesus überhaupt zu Lazarus durchdringen kann. Immer wieder (noch deutlicher wird dies, wenn man die gesamte Geschichte betrachtet) schiebt sich etwas dazwischen; am Ende versperrt ihm noch ein Grabstein den Zugang.
* Es tut gut, zu spüren, wie betroffen und gerührt Jesus gerade in diesem offensichtlich »hoffnungslosen Fall« reagiert.

* Der Stein soll weg, der Block, der im Wege steht, der alles abschließt, muß weggeräumt werden.
* Da stellt sich ihm Marta in den Weg: »Herr, er riecht schon«. – Es hat doch keinen Zweck mehr, Marta glaubt nicht mehr daran, daß es in dieser Situation noch Leben geben kann. Jesus aber ist immer noch nicht bei Lazarus.
* Mein Gott, Marta, wann glaubst du denn endlich? Steh doch dem Leben deines Bruders nicht so im Wege: Sogar was tot ist, kann lebendig werden, wenn Gott dazu durchdringen darf, wenn es nicht verbarrikadiert wird.
* Jesus hat es gehofft und vermutet: Das Problem ist nicht, daß Lazarus tot ist, sondern daß keiner mehr an sein Leben glaubt.
* Was dann geschieht, ist im Grunde nur noch Abrundung. Jesus ist endlich zu ihm durchgedrungen, und er ruft Lazarus heraus.
* Lazarus braucht gar nicht zum Leben geweckt zu werden. Es steht nicht da: »Steh auf« oder »Werde lebendig«, sondern nur: »Komm heraus!«
* Im Vergleich zum griechischen Grundtext wird das, was geschieht, im Deutschen recht weitläufig wiedergegeben: »Lazarus, komm heraus! Da kam der Verstorbene heraus...« Im Griechischen geht es spürbar »Schlag auf Schlag«: Dort steht in einem Wort: Komm heraus! und ohne Übergang, wiederum in einem Wort: Er kam heraus.
* Lazarus – na endlich, da ist er! Sein Gesicht ist noch verhüllt, Hände und Füße sind mit Binden umwickelt. Er war tatsächlich völlig gebunden. Hände und Füße waren ihm gebunden, nichts ging mehr, denn vor lauter Binden konnte er nicht mehr gehen. Er war völlig handlungsunfähig geworden.
* »Löst ihm die Binden und laßt ihn weggehen« – macht ihn frei von all diesen Bindungen. Ich habe ihn

herausgerufen – haltet ihr ihn nicht drinnen fest. Stellt euch ihm und mir nicht in den Weg! Laßt ihn *seinen* Weg gehen, auch wenn der nicht in die bestehenden Bindungen (»Binden«) paßt.
* Vier Tage lag Lazarus tot in seinem Grab und am Ende kein Trost, keine Stärkung, nur ein ganz entschiedenes: Komm heraus! – Und er ließ seine Binden fallen und kam heraus.

Fragen für die Reflexion:

– Lazarus ist ganz und gar in das eingegangen, was tot ist: er befindet sich in einer Grabhöhle; man hat ihn abgeschrieben, erledigt, begraben. Kann ich, wenn ich mein Leben ernsthaft betrachte, Dinge benennen, die ich »begraben«, d.h. aufgegeben habe, obwohl ich eigentlich ganz tief im Herzen will, daß sie leben? Wo haben andere mich oder etwas in mir begraben oder abgeschrieben? Was darf in mir nicht mehr zum Leben kommen?
– »Verherrlichung« – ein Wort, das so außergewöhnlich und »heilig« klingt, daß man vergessen könnte, daß das, was es meint, zur normalen Erfahrung im Menschenleben gehört und eine Zielrichtung im Denken und Handeln darstellt: jemanden so sehen, wie Gott ihn (sie) sieht, ihn (sie) gleichsam mit Gottes Augen betrachten.
Wenn ich mich selbst und den heutigen Tag, an dem ich lebe und an dem ich diesen Text lese, einmal aus diesem Blickwinkel heraus betrachte und die Menschen, denen ich begegnet bin, ebenfalls einmal so sehe, wie sie möglicherweise von Gott aus gemeint sind, was verändert sich dann?
– Jesus sagt: Nehmt den Stein weg. Das könnte bedeuten, daß erst einmal ein Zugang zu einem Menschen geschaffen werden muß, daß im Leben etwas aus dem

Weg geräumt werden muß, was Jesus im Wege steht.
Was könnte dem – innerlich wie äußerlich – *bei mir* im Wege stehen?
– Binden: alles, was mich festhält, fesselt an Nicht-Leben; Bindungen, die nicht zum Leben führen; Dinge auch, an denen ich mich vielleicht auch ganz gern festhalte – ein »Grab« kann nämlich auch etwas von einer gemütlichen, kleinen Nische haben. Was bedeutet der Schlußsatz: »Löst ihm die Binden und laßt ihn weggehen!« vor diesem Hintergrund? Wenn ich statt »Lazarus« meinen Namen lese, was täte ich dann, wenn mir »mit lauter Stimme« gesagt würde: »... Komm heraus!«?

Rückblick auf das Thema:

Ganz und gar Mensch sein – das ist die Einladung des Glaubens. Durch dieses »ganzheitliche« Menschsein wird Gott »verherrlicht«, d.h. Gott zeigt sich, wie er ist, im Menschen als seinem Bild. Es geht nicht an, daß Menschen unterdrückt und krummgebogen werden, daß sie »kein Rückgrat haben« oder ihre Kraft nicht einsetzen.
Kraft – nicht Macht. Wir müssen uns selbst zum Leben entschließen. Trotz unserer Schwäche können wir Gott die Hand reichen, wir können an seiner fortgesetzten Schöpfung mitbauen, können Leben schöpfen und bewahren – ebenso wie wir es auch mit Macht vernichten können. Es ist diese »Synergie«, d.h. das Zusammenwirken der Kräfte, die Leben möglich macht: Wo Gott und Mensch zusammenwirken, entsteht neues Leben. Dies gilt auch im Zusammenwirken der männlichen und weiblichen Kräfte, es gilt auch in der (leiblichen) Beziehung zwischen Frau und Mann.
Wie viele Menschen sind damit beschäftigt, das, was sie

haben – an Ideen, an Beziehungen, an Wertvorstellungen – festzubinden und einzubalsamieren. Dann wird die Bindung zur Fessel, dann wird die synergische Kraft zur tödlichen Macht. Das schöpferische Zusammenwirken mit Gott aber bedeutet Befreiung aus allen fruchtlosen Bindungen.

Die Folge ist eine Lebensart, in der der Mensch, wie Lazarus, der »Stimme des Freundes«, der Stimme Gottes in seinem Leben folgt – langsam, Schritt für Schritt und ständig mehr, auch wenn sie nicht immer in bestehende Bindungen paßt. Man bekommt eine Spürnase für das, was aus dem Zusammenwirken guter Kräfte geboren ist. Das Leben atmet einen guten Geist, es blüht in einer gesunden Atmosphäre. Es verändert sich ständig, ist ständig in Bewegung, es läßt sich mehr und mehr vom guten Geist, Gottes Geist, lenken.

Siebtes Thema: Neu beginnen

Ein Mensch, der sich – in aller Relativität menschlichen Bemühens – vom guten Geist, von Gottes Geist, leiten läßt, erfährt auf die Dauer eine neue Art von Vertrauen. Er erfährt etwas von dem Vertrauen, das Gott in ihn setzt. »Gott vertraut mir« ist eine Erfahrung, die einen Menschen innerlich aufbaut und ihm zugleich seine Grenzen als Mensch aufzeigt, ihn vor Überheblichkeit schützt. Denn es ist kein »selbstgemachtes« Selbstvertrauen, sondern tatsächlich das Vertrauen eines großen Anderen in mich: Gott vertraut mir – darum darf ich mir selbst trauen. Dieses Vertrauen ist eine Frucht der heilenden Veränderung, die im Leben eines Menschen stattfindet, der sich nach und nach immer mehr auf Gott einläßt, der den Mut hat, sein Leben auf sich zu nehmen, dessen Augen und dessen Herz sich langsam öffnen, der sich in seiner Angst von Gott berühren läßt und der so Schritt für Schritt mehr Mensch wird.
Dieser Prozeß, der in den vorangegangenen Kapiteln anhand der Heilungsgeschichten gedeutet wurde, führt zu einem neuen Anfang, zu einem »neuen Bund«, sowohl in der Geschichte des Gottesvolkes als auch im persönlichen Leben und Erleben des einzelnen Menschen, der ernsthaft mit Gott lebt. Meist findet ein solcher Neubeginn nicht klar ersichtlich an einem bestimmten Punkt oder zu einer festlegbaren Zeit statt, sondern man sieht erst im nachhinein, daß man damals, dann und dann, unter diesen und jenen Umständen einen neuen Anfang gemacht hat, Schritt für Schritt auf einem Weg fortgeschritten ist, auf dem gleichsam »unterwegs« alles neu wurde.

Text (19): Eine Frau wie Mirjam (Lk 1, 26–38)

Es gibt in der Bibel *eine* Gestalt, in der sich das schöpferische Annehmen des von Gottes Geist erfüllten neuen Lebens in konzentrierter Form zeigt und zu einem Höhepunkt gelangt: in Maria – oder lieber Mirjam, denn so war ihr eigener Name, dessen lateinische Übersetzung Maria lautet. Mirjam ist die Frau des Neubeginns. In ihr beginnt Gott eine neue Geschichte mit den Menschen. In ihr spiegelt sich symbolisch, was ein Mensch im Neubeginn in seinem Leben erfährt.
Vielleicht ist es für den einen oder anderen hilfreich, sich erst einmal von all dem, was sich unter dem Namen »Marienverehrung« entwickelt hat, frei zu machen: die Mutter der Schmerzen, die Rosenkranzkönigin, die mit Brillanten geschmückte Wallfahrtsstatue, Erscheinungen mit wunderbarer Genesung usw. Ich selbst glaube nicht, daß dies unsinnig ist, aber ich gebe zu bedenken, daß diese Formen der Devotion die Endphase einer langen Entwicklung sind, die heute längst nicht mehr für jeden zugänglich sind und die überdies unter starker Ideologisierung zu leiden haben.
In jedem Fall geht es um eine ursprüngliche und persönliche Beziehung zu Jesus und von daher zu Mirjam. Wer aber war diese Mirjam wirklich?
Mirjam lebte in einer religiös erstarrten, politisch jedoch sehr unruhigen Zeit, in einem Land, das seit langem unter wechselnden Herrschern zu leiden hatte und das jetzt von den Römern besetzt war. So war die Glaubenskultur jener Zeit vielfach innerlich leer, ausgehöhlt, viele traditionelle Formen und Konventionen, Vorschriften und Gesetze waren nicht mehr wirklich lebendig, wurden aber formell eingehalten. Die Welt, in der Mirjam lebte, war nicht unbedingt das geeignete Umfeld für einen vielversprechenden Neuanfang. – Dennoch ist es immer wieder diese eine konkrete Rea-

lität, in der wir leben, damals wie heute, in die Gott Eingang sucht, ob die Umstände dafür nun günstig erscheinen oder nicht.

Mirjam läßt sich auf etwas Neues ein, etwas, das ganz und gar nicht in das gängige Strickmuster paßt. Sie erbringt keine »Leistung«; das einzige, was sie »tut«, ist, daß sie offen für eine neue Entwicklung ist, deren Ende sie nicht übersehen kann, von der sie lediglich spürt, daß sie aus Gott entstanden ist. Mirjam läßt Gott in sich zu, an Leib und Seele. Das ist es, was in der so bekannten Geschichte von der Ankündigung durch den Engel zum Ausdruck kommt: Gott dringt durch in Leib und Seele.

Im sechsten Monat wurde der Engel Gabriel von Gott in eine Stadt in Galiläa namens Nazaret zu einer Jungfrau gesandt. Sie war mit einem Mann namens Josef verlobt, der aus dem Haus David stammte. Der Name der Jungfrau war Mirjam. Der Engel trat bei ihr ein und sagte: Sei gegrüßt, du Begnadete, der Herr ist mit dir. Sie erschrak über diese Anrede und überlegte, was dieser Gruß zu bedeuten habe. Da sagte der Engel zu ihr: Fürchte dich nicht, Mirjam; denn du hast bei Gott Gnade gefunden. Du wirst ein Kind empfangen, einen Sohn wirst du gebären; dem sollst du den Namen Jesus geben. Er wird groß sein und Sohn des Höchsten genannt werden. Gott, der Herr, wird ihm den Thron seines Vaters David geben. Er wird über das Haus Jakob in Ewigkeit herrschen, und seine Herrschaft wird kein Ende haben. Mirjam sagte zu dem Engel: Wie soll das geschehen, da ich keinen Mann erkenne? Der Engel antwortete ihr: Der Heilige Geist wird über dich kommen, und die Kraft des Höchsten wird dich überschatten. Deshalb wird auch das Kind heilig und Sohn Gottes genannt werden. Auch Elisabet, deine Verwandte, hat noch in ihrem Alter einen Sohn empfan-

gen; obwohl sie als unfruchtbar galt, ist sie jetzt schon im sechsten Monat. Denn für Gott ist nichts unmöglich. Da sagte Mirjam: Ich bin die Magd des Herrn; mir geschehe, wie du es gesagt hast. Danach verließ sie der Engel.

Erläuterungen zum Text:

* Zunächst ein paar kurze Erklärungen zum Textverständnis:
- Die Angabe »im sechsten Monat« nimmt Bezug auf die davor geschilderte Geschichte von Johannes dem Täufer.
- Der Engel wurde »zu einer Jungfrau gesandt«. Das griechische Wort, das im Text mit »Jungfrau« übersetzt wird (parthenos), bedeutet zunächst einmal ganz einfach »Mädchen«. Übersetzt man dieses Wort mit »Jungfrau«, ist dabei zu bedenken, daß Jungfräulichkeit im Ersten Testament das Sinnbild der Gottestreue, der Bundestreue ist, die im Gegensatz zum Ehe- und Bundesbruch steht. So wird Israel vielfach als Gottes jungfräuliche Braut beschrieben. Es soll hier also zum Ausdruck kommen, daß das, was in diesem ganz normalen Mädchen geschieht, in Treue zu Gottes Bund mit Israel steht.
- »Der Heilige Geist wird über dich kommen« – im Originaltext steht (ohne Artikel und ohne besondere Großschreibung): »heiliger Geist wir über dich kommen«.
- Das Wort »Engel« (griechisch angelos, lateinisch angelus) bedeutet »Bote«: jemand, der etwas übermittelt, was von Gott kommt. Dies ist wohl auch der Grund, warum Engel in der Kunst immer wieder mit Flügeln dargestellt werden: Sie bewegen sich zwischen Gott (»oben«) und Menschen (»unten«). Die Gottesbotschaft richtet sich immer an bestimmte

Menschen, in konkreten Situationen, durch konkrete Umstände.
* Der Bote tritt bei Mirjam ein, er tritt in ihr Leben, kommt auf ihren Lebensweg. Die Botschaft dringt zu ihr durch: Das, was sich hier und jetzt ankündigt, ist eine ungeheure Chance, es ist eine Gnadengabe. Mitten in dieser Zeit, in der eine Veränderung völlig unmöglich scheint, verlangt etwas ganz anderes, etwas Unerwartetes, Einlaß.
* Darüber kann man sich gewaltig erschrecken. Denn jetzt wird es Realität, es ist nicht nur ein vages Gefühl, eine unbestimmte Sehnsucht: Du hast *tatsächlich*, hier und jetzt, Gnade gefunden bei Gott.
* »Gnade finden bei Gott« – das ist nicht so außergewöhnlich, wie es vielleicht klingen mag. Es ist wohl etwas ganz Besonderes, etwas sehr Kostbares – das aber für *jeden* Menschen möglich ist, nicht nur für eine privilegierte Minderheit. So wie die Liebe: Auch sie ist ein Geschenk, das für jeden bereitliegt und zugleich etwas Einzigartiges ist, das vom Himmel kommt. Vielleicht ist es nur eine Minderheit, die sich tatsächlich darauf *einläßt*.
* Fürchte dich nicht, hab nur keine Angst, du darfst dich darauf einlassen; was hier geschieht, ist wirklich vertrauenswürdig. In den Worten »fürchte dich nicht« steckt der Kampf um das Vertrauen – und Mirjam traut sich!
* Die erste Engelsbotschaft lautet: Du wirst ein Kind empfangen, dein Leben wird fruchtbar werden. Ja, mehr noch, dieses Kind ist ein Zeichen dafür, daß Gott sich erneut seines Volkes annimmt. Es ist der Anfang einer neuen Entwicklung, ganz leibhaftig in ihr, Mirjam.
* Jesus soll er heißen. Das bedeutet: Gott rettet. Der Name ist ein Versprechen, eingereiht in die ganze Geschichte des Volkes Israel.

* Genauso haben seine Anhänger es im nachhinein erfahren, als Jesus verurteilt und hingerichtet war und ihnen endlich die Augen aufgingen und sie merkten, was da in Wahrheit los war. Aus dieser Erfahrung heraus sahen sie, daß Gott von Anfang an dabei war, daß Mirjam sich tatsächlich für eine Botschaft geöffnet hatte, die von Gott kam.
* Mirjams fragt: »Wie soll das geschehen, da ich keinen Mann erkenne?« Wie ist so etwas überhaupt möglich? – Die Antwort lautet: Es ist, rein menschlich betrachtet, unmöglich, aber hier ist Gott am Werk. Du wirst schon sehen, Mirjam. Heiliger Geist wird über dich kommen, er wird dich beseelen.
* Mirjam sieht eine neue Zukunft vor sich, ihr Leben hat Zukunft. Das läßt sie zu, an Leib und Seele: Gott darf ganz in sie hineinkommen.
* Natürlich bleibt ein Rest von Unsicherheit, ein Schauder vor dem Sprung ins Ungewisse. Mirjam entscheidet sich nicht für *etwas*, das sie sicher überblicken kann, sondern für *jemanden*, wobei sie den zweiten Schritt nicht vor dem ersten kennt.
* »Mir geschehe, wie du es gesagt hast.« – Dies ist kein tugendhafter Blanko-Scheck für Gott und seinen Boten, sondern es ist die ganz bewußte Bejahung, das Zulassen einer vielversprechenden, aber völlig offenen und ungewissen Zukunft. Mirjam glaubt daran, daß Gott etwas mit ihr vorhat, mit ihr, einem ganz normalen jungen Mädchen in einem kleinen Dorf in der Provinz.
* Es macht frei, sich so ganz und gar, mit Haut und Haaren, auf Gott einzulassen. Das gibt Luft, Atem, Geist. Das hebräische Wort für Geist ist »ruach«. Es bedeutet auch Lufthauch, Wind, Atem. Das Geschlecht dieses Wortes ist weiblich. Der Geist, der in der Schöpfungsgeschichte vom Anbeginn der Welt über den Wassern schwebt, ist weiblich, schöpfe-

risch, gebärend, nicht berechenbar, nicht gradlinig, mal hier, mal da – sie weht, wo sie will!
* Eine solch grundsätzliche Entscheidung, sich auf Gott einzulassen, kommt nicht von heute auf morgen zustande, sie ist in den meisten Fällen das Ergebnis vieler, mühevoller, kleiner Schritte und Entscheidungen.
* »Nur wenige Menschen ahnen, was Gott aus ihrem Leben machen würde, wenn sie sich ihm ganz überließen« (Ignatius von Loyola).

Fragen für die Reflexion:

– Warum erschrickt Mirjam wohl über die Anrede des Engels, obwohl er doch etwas Positives sagt (»Begnadete«)?
– Gibt es bei mir vergleichbare Momente, in denen ich ähnlich wie Mirjam auf irgendeine Art an ein Versprechen geglaubt habe?
– Gott wird, so lautet die Botschaft des Engels, diesem Kind Königswürde geben. – Wer oder was ist in meinem Leben »König«? Was ist mir für meine Zukunft wesentlich wichtig?
– Was müßte in unserer heutigen Situation geschehen, damit unser (mein) Leben (wieder?) Sinn und Zukunft hat?
– Mirjam glaubt daran, daß Gott etwas mit ihr vorhat. Kann ich das – auf eine andere Art vielleicht – auch von mir selbst glauben?
– »Ich bin die Dienerin (Magd) des Herrn« – wenn ich Mirjam diese Worte nachsagte, was würde sich dann in meinem Leben ändern?

Text (20): Fleischliche Gelüste (Röm 8, 5–9)

Der nun folgende Text stellt eine Art Intermezzo dar. Es ist keine Heilungsgeschichte, sondern es handelt sich um eine Reflexion der jungen Christengemeinde(n) darüber, was es denn bedeutet, im Geiste Jesu Christi zu leben. Dem Leben im Geist Jesu Christi entgegengesetzt ist ein Leben, das vom »Fleisch« bestimmt ist. Jahrhunderte hindurch hat man das Wort »Fleisch« tendenziell gleichgesetzt mit »Körper«. Die Auswirkungen dieser leibfeindlichen Haltung sind bis zum heutigen Tag spürbar.

Im folgenden Text geht es aber eben nicht um eine Abweisung oder gar Abtötung des Körpers – dies wäre ein ideologischer Mißbrauch des Textes –, sondern um die Unterscheidung der Geister: ob man im Geiste Jesu lebt oder – scheinbar paradox – im »Geiste des Fleisches«. Thema ist eine Lebensweise, in der man »mit Leib und Seele«, mit Körper und Geist Jesus nachfolgt, d.h. sich voll und ganz auf Gott einläßt, gleichsam bis in die Zehenspitzen hinein.

Alle, die vom Fleisch bestimmt sind, trachten nach dem, was dem Fleisch entspricht, alle, die vom Geist bestimmt sind, nach dem, was dem Geist entspricht. Das Trachten des Fleisches führt zum Tod, das Trachten des Geistes aber zu Leben und Frieden. Denn das Trachten des Fleisches ist Feindschaft gegen Gott; es unterwirft sich nicht dem Gesetz Gottes und kann es auch nicht. Wer vom Fleisch bestimmt ist, kann Gott nicht gefallen. Ihr aber seid nicht vom Fleisch, sondern vom Geist bestimmt, da ja der Geist Gottes in euch wohnt. Wer den Geist Christi nicht hat, der gehört nicht zu ihm.

Erläuterungen zum Text:

* Das ist auf den ersten Blick kein leicht verdaulicher Text. Entweder man ist vom Fleisch bestimmt, oder man ist vom Geist bestimmt, schwarz oder weiß. Grauzonen oder weitere Differenzierungen scheinen nicht zu existieren. Erst bei näherem Hinsehen wird nach und nach deutlich, daß es Paulus nicht um eine Verurteilung geht, sondern um Integration. Der Integrationspunkt ist der, daß man als Mensch »vom Geist bestimmt« ist, daß der Geist Gottes in jedem Menschen wohnt und daß es wichtig ist, diesen Geist ganz in sich wirken zu lassen.
* Das entscheidende Wort also heißt »*bestimmt*«: Entscheidend ist, wovon man sich *bestimmen*, d.h. innerlich leiten läßt. Das ist eine (immer wieder zu treffende und durch die Praxis zu bestätigende) Grundsatzentscheidung, die nach und nach »in Fleisch und Blut« übergeht.
* »Ihr aber seid nicht vom Fleisch, sondern vom Geist bestimmt, da ja der Geist Gottes in euch wohnt.« – Die Adressaten dieser Worte sind ganz »normale« Menschen, die in der Gemeinde in Rom lebten, keine Asketen oder Tugendreiter.
* »Vom Geist bestimmt« sein heißt: sich öffnen für Gottes Berührung. Es bedeutet also nicht, daß leibliche (körperliche) Bedürfnisse keinen Platz bekommen dürfen – im Gegenteil. Es geht um ihre Integration.
* Umgekehrt gilt: Wenn die »fleischlichen Gelüste« nicht ins Leben integriert sind – und dazu zählt auch eine zwanghafte Vermeidung oder Leugnung – haben sie die Neigung zu dominieren.
* Auch der Leib soll von Gott berührt, »erlöst«, werden. Es geht darum, den Leib mit allem »Drum und Dran« in die Liebe zu integrieren. Es ist besser, an

Leib und Seele zuzu*lassen*, daß Gott in einem wohnt, als sich mit Gewalt von Begierden freizukämpfen.
* Paulus ist, populär formuliert, »von Kopf bis Fuß auf Liebe eingestellt«.
* Wer wirklich ernst macht mit seiner Beziehung zu Gott, der wird merken, daß er sich auch leiblich verändert (so wie jemand, der sich regelmäßig bewegt, sich mit der Zeit körperlich besser fühlen wird).
* »Das Evangelium will auch mit dem Leib gelebt sein.« (Roger Schutz, Prior von Taizé)

Fragen für die Reflexion:

- Wovon lasse ich mich konkret in meinem Leben bestimmen?
- Für wen oder was will ich mein Leben einsetzen?
- Darf Gott mir auch »auf den Leib rücken«?
- Was bedeutet für mich, daß »Gott in uns (in mir) wohnt«?

Text (21): Endlich Gerechtigkeit (Lk 1, 46–56)

Nach diesem Zwischenspiel kehren wir zurück zu Mirjam, zu der Frau, die etwas bis dahin – im wörtlichen wie im übertragenen Sinne – *Unerhörtes* hörte und zuließ. Sie begibt sich daraufhin zu Elisabet, die versteht, was sich in Mirjam vollzieht und was Gott damit sagen will. Sie glaubt ihr – und so kann Mirjam das, was sie erfahren hat, zur Welt, zu vollem Leben bringen.

Da sagte Mirjam: Meine Seele preist die Größe des Herrn, und mein Geist jubelt über Gott, meinen Retter. Denn auf die Niedrigkeit seiner Magd hat er geschaut. Siehe, von nun an preisen mich selig alle Geschlechter. Denn der Mächtige hat Großes an mir ge-

tan, und sein Name ist heilig. Er erbarmt sich von Geschlecht zu Geschlecht über alle, die ihn fürchten. Er vollbringt mit seinem Arm machtvolle Taten: Er zerstreut, die im Herzen voll Hochmut sind; er stürzt die Mächtigen vom Thron und erhöht die Niedrigen. Die Hungernden beschenkt er mit seinen Gaben und läßt die Reichen leer ausgehen. Er nimmt sich seines Knechtes Israel an und denkt an sein Erbarmen, das er unsern Vätern verheißen hat, Abraham und seinen Nachkommen auf ewig.
Mirjam blieb etwa drei Monate bei Elisabet; dann kehrte sie nach Hause zurück.

Erläuterungen zum Text:

* Bei Elisabet erfährt Mirjam Solidarität, sie ist unter Ihresgleichen. Sie lebt bei einer Frau, in der derselbe Geist am Werke ist, bei einer wahrlich »Geist-Verwandten«.
* Solche verwandten Menschen braucht man, wenn das, was Gott in einen gelegt hat, zur Reife kommen soll. In dieser Geborgenheit begreift Mirjam, was Gott mit ihr und ihrem Kind vorhat: Hier wird nicht nur ein Wendepunkt in ihrem Leben eingeläutet, sondern das, was jetzt geschieht, markiert eine Wende in der Geschichte des ganzen Gottesvolkes.
* Die kleine Mirjam hat den Mut auszusprechen, daß ihr eigenes Leben und das des Kindes, das sie in sich trägt, Teil der Geschichte Gottes mit seinen Menschen ist. Was hier geschieht, das entspringt *Gottes* Initiative.
* Die Worte, die sie spricht, sind tradierte Worte, sie kommen aus dem Ersten Testament. Sie deuten das, was hier geschieht, als die Erfüllung einer schon lange bestehenden Verheißung: Gott wird seine Menschen, sein Volk retten.

* Gott läßt uns Menschen nicht allein. Aber er kommt nicht mit Gewalt und nicht mit Blitz und Donner, sondern ganz klein und verletzbar in diese Welt. Wie das Leben, das sich in Mirjam regt, bedarf Gott selbst des Schutzes.
* Die ersten drei Monate der Schwangerschaft – die Bedeutung dieser Zeit ist für Männer kaum zu erfassen. Sie ist die Grundlegung all dessen, was kommen wird, die intimste Phase, in der kaum etwas spürbar ist, geschweige denn nach außen kommt. Es ist die Inkubationszeit des Lebens.
* »Auf die Niedrigkeit seiner Magd hat er geschaut.« Das Wort »Niedrigkeit« klingt für uns etwas mißverständlich. Mirjam ist stolz, sie ist voll Leben, sie geht erhobenen Hauptes und voller Glück durch ihr Leben, denn sie ist es wert, Leben in sich zu tragen, das von Gott kommt. Ihre Niedrigkeit besteht darin, daß sie selbst nicht die Urheberin dessen ist, was hier geschieht, sondern daß in ihr wirklich *Gott* am Werke sein darf.
* Was aber *tut* Gott nun eigentlich? – Mirjams Antwort läßt keinen Zweifel: Er ist kein Gott salbungsvoller Anbeter, kein Gott der Opferhöhen, kein »lieber« Gott, sondern ein Gott der Gerechtigkeit. Der Reiche leer ausgehen läßt, der Hochmütige zu Fall bringt, der Hungernde sättigt, der die Kleinen groß macht. Das ist der Gott, dessen Leben Mirjam in sich trägt.
* Das Leben, das Mirjam in sich spürt, bedeutet Umkehr, bedeutet Schmerz, Tod und Auferstehung. Das *weiß* sie nicht im voraus, aber sie trägt die Ahnung von einem Leben in sich, das Anstoß gibt, das sich nicht mit dem Bestehenden zufrieden gibt – ein Leben auch, das sicher nicht einfach werden wird.
* Drei Monate Zeit, um zu erspüren, was da im Innern geschieht. Das neue Leben hat sich jetzt gefestigt, es ist überlebensfähig. Mirjam kann nach Hause gehen,

sie weiß, was ihr bevorsteht. Inzwischen aber hat Josef, wie sich zeigen wird, auch etwas davon verstanden...

Fragen für die Reflexion:

- Auch meine eigene kleine Geschichte ist die Geschichte Gottes mit mir. Würde sich für mich etwas verändern, wenn ich mein Leben einmal ganz unter dieser Perspektive betrachtete?
- »Der Mächtige hat Großes an mir getan« – kann ich Mirjam das nachsagen?
- Traue ich Gott in meinem Leben tatsächlich etwas zu?
- Kann ich zum jetzigen Zeitpunkt etwas »er-warten«, von etwas »in Erwartung« sein? Wenn ja, was ungefähr ist es, was ich erwarte?
- Wo erkenne ich – aus einer positiven Erwartungshaltung heraus – Menschen, die ähnlich fühlen/denken/leben: Geist-Verwandte? Kann ich selbst für andere so jemand sein?
- Gott kommt nicht mit Gewalt. Was von Gott kommt, wächst heran, es ist klein und verletzbar, schutzbedürftig, anfangs nur zu vermuten, nur leise spürbar. Habe ich solche oder ähnliche Erfahrungen auch schon gemacht?
- Mirjam nennt Attribute Gottes, sie beschreibt ihn als einen, bei dem Gerechtigkeit herrscht, der Hochmütige zu Fall bringt, Hungernde sättigt usw. Was ist mein Gottesbild, wie ist Gott für mich, welche »Eigenschaften« hat Gott? Hatte ich früher ein anderes Bild von Gott? Wie sieht der Gott aus, dem ich dienen möchte?
- Wenn ich gleichsam mit Gottes Augen auf mich selber schaue, was sehe ich dann? Anders gefragt: Wie sieht Gott mich?

Rückblick auf das Thema:

Mirjam, eine Frau, die etwas Neues, etwas Unerhörtes in sich zuließ und lebendig werden ließ: Sie ist – oft in starkem Gegensatz zu dem, was man in mißverstandener Devotion aus ihr gemacht hat – ein Vorbild für Menschen, Männer und Frauen, die neue Wege gehen und dabei nicht mehr in der Hand haben als eine richtungweisende Intuition oder ein paar Grunderfahrungen. Menschen, die auf den heiligen Geist horchen, direkt, unvermittelt und die sich nicht irritieren lassen von dem, was sich dazwischendrängt. Menschen auch, die auf die langsam wachsenden, sanften Kräfte vertrauen und nicht auf Gewalt. Keine Weichlinge, sondern würdige Menschen mit einem demütigen Stolz im Herzen. Menschen, die sich von Fremdbestimmung losgelöst haben, die selber nach Leben suchen. Solche Menschen kann Gott gebrauchen.
Am Ende steht – nicht zufällig – ein neuer Anfang. Was Mirjam erlebt, ist bestimmend für ihr weiteres Leben, es ist eine Sendung, die sie voll ins Leben hineinstellt, die nach außen dringt. Gott will sich – in jedem Menschen auf unterschiedliche Art – »ver-*äußern*«, das innere Erleben drängt hinaus. Zwar muß es reifen, nach und nach alles berühren und integrieren, aber es darf sich nicht abschließen. Am Ende steht ein Mensch »aus einem Guß«: nicht ein perfekter Mensch, eher ein kleiner, unscheinbarer Mensch, aber einer, der nicht mehr für sich selbst alleine lebt, sondern der sein Herz auf eine Entwicklung gesetzt hat, in der Gott die Hauptrolle spielt – ein Mensch wie Mirjam.

Nachwort

Eine Frau, der ich in meiner geistlichen Entwicklung viel zu verdanken habe, sagte mir einmal: »Es ist nicht schlimm, wenn ein Mensch Probleme hat, schlimm ist es nur dann, wenn er nichts daran ändert.« Sich öffnen, nach und nach, Schritt für Schritt aus der Talsohle herauskommen und sich mutig dem eigenen Leben stellen und weitergehen, sich verändern – dazu haben die Texte, die in diesem Buch besprochen wurden, vielleicht ein paar Anregungen geben können. Das Ziel dieser Übungen ist nicht ein sorgenfreies, problemloses Leben – das gibt es nicht, und es scheint mir auch gar nicht sehr erstrebenswert zu sein. Was sich aber wohl erreichen läßt, ist ein gesunder, heilender Umgang mit allem, was einem »über den Weg« kommt. Das führt dazu, daß man immer mehr Mensch wird, immer tiefer in das Geheimnis eindringt, das sich in diesem Prozeß der Menschwerdung offenbart.

In diesem Buch sind ein paar Stationen auf dem Weg der Menschwerdung zur Sprache gebracht worden. Dabei geht es zunächst um eine innere Entwicklung, die sich jedoch im Laufe der Zeit stets mehr »ver-äußert«, indem die Veränderungen, die sich im Menschen vollziehen, fast wie von selbst zu einem anderen Verhalten und zu einer geänderten Haltung führen.

Effata – öffne dich. Das ist kein einmaliges Geschehen, sondern etwas, was immer weitergeht. Zunächst ist die Öffnung vielleicht nur so groß wie der Kopf einer Stecknadel, aber indem man übt und sich immer ein kleines bißchen mehr öffnet und berühren läßt, wird nach und nach alles weiter, freier, umfassender. Die Offenheit für das, was das Leben bietet und gebietet, wird zu einer nahezu selbstverständlichen Lebensart, in der jede Minute ein Geschenk sein kann und in der es völlig unerheb-

lich ist, ob man schwere oder scheinbar leichte Aufgaben vor sich hat. In dieser Offenheit bietet jeder Moment eine Chance, sich weiter zu entwickeln und zu lernen, seinen einzigartigen Lebensauftrag zu entdecken und zu erfüllen. Nicht zufällig heißt das letzte Thema in diesem Buch »Neu beginnen«. Sich öffnen bedeutet im Grunde nichts anderes als bereit zu werden, in einem ständigen Neubeginn zu leben und die Chancen, die darin liegen, zu nutzen.
Dieses Buch möchte eine Anregung sein, sich zu öffnen und sich auf den Prozeß ständiger Erneuerung einzulassen. Und es möchte Perspektiven eröffnen, in denen die Heilungsgeschichten der Bibel eine Orientierung für das alltägliche Leben bieten können.

Anmerkungen

[1] Den Terminus »Zweites Testament« bevorzuge ich vor dem Ausdruck »Neues Testament«, da es das »Erste«, das »Alte« Testament nicht ersetzt, sondern aufgreift und erfüllt (vgl. hierzu u.a. E. Zenger, Einleitung in das Alte Testament, Stuttgart 1995, S. 12ff).

[2] Vgl. M. Jilesen / J. Jülicher, Mit Gott unterwegs. Exerzitien im Alltag, Würzburg 1995.

[3] Zur Frage der »51%-Entscheidungen« vgl. M. Jilesen / J. Jülicher, Mit Gott unterwegs. Exerzitien im Alltag, Würzburg 1995, S. 92ff

[4] Vgl. hierzu und im folgenden R. Rohr, Der wilde Mann, München 16'1992, S. 28ff.

Die Bibeltexte sind der Einheitsübersetzung der Heiligen Schrift © 1980 Katholische Bibelanstalt, Stuttgart, entnommen.

Bücher die mehr sagen

Piet van Breemen

Erfüllt von Gottes Licht

Eine Spiritualität des Alltags.
198 Seiten, 20,5 x 12,3 cm, Broschur.
DM 29,80 / öS 218,– / SFr. 29,80.
ISBN 3-429-01703-3.

Wie christliche Grundhaltungen sich heute im Alltag konkret verwirklichen lassen.

Dieses Buch bekommen Sie bei Ihrem Buchhändler.

Piet van Breemen — Erfüllt von Gottes Licht
Eine Spiritualität des Alltags
echter

echter · würzburg
Postfach 55 60   D-97005 Würzburg

bücher die mehr sagen

Dieses Buch
bekommen Sie bei
Ihrem Buchhändler.

Martien Jülesen /
Jochen Jülicher

Mit Gott unterwegs

Exerzitien im Alltag.

120 Seiten.
7 Schwarzweißabbildungen.
20,5 x 12,3 cm. Broschur.
DM 19,80 / öS 145,– / SFr. 19,80.
ISBN 3-429-01739-4.

echter · würzburg

Postfach 55 60   D-97005 Würzburg